ウェルビーイングと財政

Well-being and Public Finance

財政研究 第20巻

日本財政学会〈編〉

発売=有斐閣

『財政研究』第 20 巻の発刊にあたって

　日本財政学会（以下，本学会）が『財政研究』(以下，本誌) を発行する目的は 2 つある。第 1 は，〈第 I 部 現代財政の課題〉において，本学会の年次大会で開催されたシンポジウムの記録を中心として，財政をめぐる最新のテーマについて議論することにより，本学会の活動を広く社会に公開することである。第 2 は，〈第 II 部 研究論文〉において，会員が投稿した研究論文を厳密な査読に基づいて掲載し，財政学の発展に貢献することである。これにより，財政および財政学が直面する課題が明確になるとともに，会員の研究活動および学界全体の活性化が促進される。

　〈第 I 部 現代財政の課題〉について，第 20 巻（以下，本巻）は，前巻において構成を刷新した趣旨を継承し，財政の現状と課題について議論する大会シンポジウムの記録に加えて，シンポジウムの内容に対して本誌の読者がより理解を深めるための解説論文を掲載している。

　本学会の第 80 回大会は，2023 年 10 月 21 日（土）・22 日（日）の 2 日間，九州大学伊都キャンパス（福岡県福岡市西区）において開催された。大会第 1 日に開かれたシンポジウム「ウェルビーイングと財政」は，諸富徹氏（京都大学）がコーディネーターを務めた。シンポジウムにおいて，パネリストとして登壇した馬奈木俊介氏（九州大学）は「ウェルビーイングと持続可能性」を，筒井義郎氏（京都文教大学）は「所得再分配と幸福」を，駒村康平氏（慶應義塾大学）は「財政とウェルビーイング——政府は人びとの直面する苦難，課題にどのように取り組むべきか」を，藤田菜々子氏（名古屋市立大学）は「スウェーデン福祉国家形成におけるウェルビーイングと財政」を，それぞれテーマとして報告を行った。それに基づいて，パネリスト同士の間で，そしてフロアからの質問に答える形で，活発な議論が展開された。本巻にはこのシンポジウムの記録およびその解説論文を掲載した。

　〈第 II 部 研究論文〉においては，投稿された 9 本の論文について，それぞれ複数の査読者による厳密な査読を経て，編集委員会の審議に基づいて 4 本を掲載している。論文の研究手法は多様であるが，いずれも財政研究の発展に貢

献する優れた学術論文である。

　また，本誌については，刊行から1年以上経過した巻の研究論文および学会記事を，国立研究開発法人科学技術振興機構（Japan Science and Technology Agency：JST）が運営する電子ジャーナル・プラットフォーム「科学技術情報発信・流通総合システム」（J-STAGE，『財政研究』〈https://www.jstage.jst.go.jp/browse/pfsjipf/-char/ja〉）において公開している。これにより，本学会会員の研究成果および本学会の活動が広く世に知られることが期待される。

　最後に，本誌の制作にあたっていつも多大なご配慮をいただいている有斐閣編集部の方々に，深い感謝の意を表する。

　2024年8月24日

日本財政学会『財政研究』第20巻編集委員長

池　上　岳　彦

目　次

『財政研究』第 20 巻の発刊にあたって …… 池上岳彦　　i

第Ⅰ部　現代財政の課題

1 シンポジウム　ウェルビーイングと財政 ——————— 3
　　　パネリスト：馬奈木俊介・筒井義郎・駒村康平・藤田菜々子
　　　コーディネーター：諸富　徹
　1　問題提起——ウェルビーイングと財政　　4
　　　ウェルビーイングと持続可能性……馬奈木俊介　6
　　　所得再分配と幸福……筒井義郎　13
　　　財政とウェルビーイング——政府は人びとの直面する苦難，課題にどのように
　　　　取り組むべきか……駒村康平　18
　　　スウェーデン福祉国家形成におけるウェルビーイングと財政
　　　　……藤田菜々子　25
　2　フロアを含めた討論と結語　33

2 解説——シンポジウム　ウェルビーイングと財政 ——————— 57
　　　解説者：諸富　徹・関　耕平・宮崎　毅・吉弘憲介・佐藤一光
　1　はじめに——本シンポジウムの開催趣旨（諸富徹）　58
　2　新国富指標と財政学の接点をめぐって（関耕平）　61
　3　幸福の経済学と財政（宮崎毅）　68
　4　ウェルビーイングとリスクの社会化（吉弘憲介）　72
　5　スウェーデン福祉国家形成におけるウェルビーイングと財政
　　　（佐藤一光）　76
　6　まとめ——フロア討論より（諸富徹）　80

第Ⅱ部　研究論文

1 地方財政史ノート
――経済ショックと政策対応をめぐって ……………持田信樹　85

1　はじめに　85
2　財政移転なき地方経費膨張　89
3　データとベクトル誤差修正モデル　92
4　推定結果　96
5　考察　102
6　むすび　106
補論　インパルス反応の割引現在価値の導出　108

2 租税構造・歳入構造の国際比較
――OECDデータを用いた主成分分析による類型化
………………………………畑農鋭矢・河合芳樹　113

1　租税構造をめぐる議論　113
2　データと分析手法　115
3　主成分分析　118
4　歳入構造の国際比較　125
5　まとめと今後の課題　127

3 ふるさと納税制度と地方自治体の費用効率性に関する実証分析
………………………………小川顕正・近藤春生　131

1　はじめに　131
2　ふるさと納税制度と地方自治体の負担　133
3　先行研究　135
4　仮説　136
5　分析方法とデータ　137
6　考察　147

4 国民健康保険の財政運営において政治的予算循環は発生しているか ………………………………… 星合佑亮 151

1 はじめに 151
2 制度的背景 155
3 データ 159
4 実証分析 162
5 分析結果 166
6 追加分析——効果の異質性 169
7 結論と考察 171

学 会 記 事 179
『財政研究』の投稿・掲載状況（第1〜20巻） 189
日本財政学会編『財政研究』原稿募集のお知らせ 190
投稿論文執筆要項 192
Summaries of Refereed Articles 195
Public Finance Studies, Vol.20, Contents 199

本書のコピー,スキャン,デジタル化等の無断複製は著作権法上での例外を除き禁じられています。本書を代行業者等の第三者に依頼してスキャンやデジタル化することは,たとえ個人や家庭内での利用でも著作権法違反です。

第Ⅰ部

現代財政の課題

シンポジウム
ウェルビーイングと財政

1

2023年10月21日（土）・22日（日）に開催された日本財政学会第80回大会（開催校：九州大学，会場：伊都キャンパス）メイン・シンポジウムの内容を収録したもの。

◆ パネリスト
　馬奈木俊介（九州大学大学院教授）
　筒井 義郎（京都文教大学教授）
　駒村 康平（慶應義塾大学教授）
　藤田菜々子（名古屋市立大学大学院教授）
◆ コーディネーター
　諸富　徹（京都大学大学院教授）

（役職は，当日のもの）

1 問題提起
ウェルビーイングと財政

◆ コーディネーター　15時になりましたので，シンポジウムを開催したいと思います。今回コーディネーターを務めさせていただきます京都大学の諸富と申します。よろしくお願いいたします。

今回は「ウェルビーイング（Well-being）と財政」という，いままでの財政学会の伝統的なテーマとは一風変わったチャレンジングなテーマでシンポジウムを行いたく思います。第80回大会です。今回は九州大学で開催させていただいて，ちょうど記念すべき80回目でもあり，実行委員長の八木先生の思いもございまして，財政学とはどうあるべきかまで議論が及ぶような，新しいテーマで議論してみようと企画しました。私も個人的に，幸福研究に一時期は携わったこともありますので，このテーマで今日議論するのを楽しみにしております。

パネリストを紹介させていただきます。プログラムの上から順番に，まず九州大学大学院工学研究院都市システム工学講座の教授でいらっしゃる馬奈木先生です。馬奈木先生は，今大会の開催校である九州大学にご所属で，ただ工学研究院ですので，伊都キャンパスの私たちが今いるエリアではなく道路を挟んで向こう側のエリアに普段はいらっしゃいます。

馬奈木先生と私は環境経済・政策学会でご一緒していて，よく存じ上げております。環境経済学，都市計画学，交通工学など，複数の領域にまたがる研究を精力的に推進され，第16回日本学術振興会賞を受賞されています。また国連の新国富報告書2018年の代表，あるいは国連の気候変動に関する政府間パ

ネル（IPCC）の代表執筆者など，国際機関での仕事も多く担当されてこられました。本日のテーマにも関連する共著で，『幸福の測定——ウェルビーイングを理解する』（中央経済社，鶴見哲也・藤井秀道との共著）を 2021 年に出版されるなど，この研究領域での第一人者である研究者です。

　続きまして現職は京都文教大学教授で，大阪大学名誉教授でもいらっしゃいます筒井先生です。筒井先生は，皆さんご存じの金融に関する研究で多くの業績を挙げてこられました。1988 年には『金融市場と銀行業——産業組織の経済分析』（東洋経済新報社）で日経・経済図書文化賞を受賞されています。近年では，行動経済学の研究に専念，2010 年には本シンポジウムにも関連する『日本の幸福度——格差・労働・家族』（日本評論社，大竹文雄・白石小百合との共編者）を出版され，単著でも幸福をめぐる論考を多数発表されています。

　続きまして，慶應義塾大学経済学部教授の駒村先生です。駒村先生は本日の登壇者中ではなんと唯一の日本財政学会会員で，今回はテーマ柄，非会員の先生方，招聘者が多数を占める珍しいシンポジウムとなりました。駒村先生は，社会政策論，社会保障論，財政学にわたる幅広い領域で数多くの業績を発表してこられ，とくに年金，人口問題の研究の第一人者でいらっしゃいます。これまで日本経済政策学会優秀論文賞，生活経済学会奨励賞など多数を受賞されました。何回も版を重ねた『福祉の総合政策（新訂 5 版）』（創成社，2011 年）や，『日本の年金』（岩波書店，2014 年）など，著書も多数発表されています。

　さて，最後になりましたが，名古屋市立大学大学院経済学研究科経済学専攻教授の藤田先生です。藤田先生は，経済学史，制度経済学がご専門で，経済学史学会の研究奨励賞を受賞した『ミュルダールの経済学——福祉国家から福祉世界へ』（NTT 出版，2010 年）など，G. ミュルダールを中心とするスウェーデンの経済学説のご研究で知られていらっしゃいます。近年は現代福祉国家の研究を進められて，『社会をつくった経済学者たち——スウェーデン・モデルの構想から展開へ』（名古屋大学出版会，2022 年）によって今年（2023 年），進化経済学会賞，そして名古屋大学水田賞を受賞されるなど，受賞歴が多数ございます。

　では，以上のパネリストで本日は進行いたします。どうぞ先生方，よろしくお願いいたします。

ウェルビーイングと持続可能性

馬 奈 木 俊 介

　皆さま，こんにちは。最初に自己紹介をさせていただきます。私の専門は，環境・資源・エネルギーなどの経済分析です。環境問題といえば，いま最も注目されるのは気候変動ですね。たとえば，先月まで暑かったですよね。

　サステナビリティ，持続可能な開発という言葉は，現在よく使われています。国連の持続可能な開発目標であるSDGsとは2030年までに達成すべき17の目標を示しますが，そのうち3分の1がエネルギーなど環境関連です。私の研究は環境から始まって，貧困など一般的なサステナビリティ研究もするようになりました。

　先ほど諸富先生にご紹介いただきましたが，私の研究は国連の指標づくりです。有名なK. アローやJ. トービンは，社会に正しい指標をつくりました。それにP. ダスグプタが環境資源の最適化計算のなかで指標をつくっています。いま無制限に使ったら将来なくなる石油を使いすぎずにどれだけ残すか。または，そこから生じる廃棄物や気候変動の原因であるCO_2などのバッズ (bads) も考慮に入れて，どのくらい社会が発展しているかを測るための指標です。

　私は国連のインクルーシブ・ウェルス，すなわち，新国富 (Inclusive Wealth：包括的な豊かさ) にまつわる報告書の代表を9年間しています。派生して，先月のSDGs中間報告の評議委員をして，Beyond GDPを推進しています。このBeyond GDPとは，A. グテーレス国連事務総長が来年を目標につくろうしている，社会の幸福度 (ウェルビーイング) を測る新しい経済指標です。そのためにいまは政治的に動いているところで，円卓会議の1人として議論しています。学者は3人で，残り8人が国連職員，学者は私と，先述した環境経済学者のダスグプタ，*GDP: A Brief but Affectionate History* (Princeton University Press, 2014) という本を書いたD. コイルの3人です。もう1つ，日本学術会議の環境学委員会環境政策・環境計画分科会「サステ

1   問題提起   7

図1　日本学術会議「報告 サステナブル投資による産業界のインパクト」（左），国連 "Inclusive Wealth Report 2023"（右）

（出所）　左は日本学術会議環境学委員会環境政策・環境計画分科会（2023）「報告 サステナブル投資による産業界のインパクト」表紙，右は United Nations Environment Programme (2023) "Inclusive Wealth Report 2023: Measuring Sustainability and Equity," p.Ⅰ。

ナブル投資による産業界のインパクト」という報告書を，委員長として先々月（2023年8月18日）まとめました。本日の私の話はこの報告書に基づきます。以上が自己紹介です。

　そこで私は，環境エネルギー，医療など，自然や健康・教育分野の経済価値を推定しています。基本的には，メタアナリシスから各国の価値推定の手法の開発などをするものが多いです。

　たとえば気候変動の対策としてCO_2を減らすといっても，風力発電をしたら鳥が風車にぶつかってうまく発電できないとか，バイオ燃料をつくるために人が食べる食料も奪われてしまうとか，化石燃料によって起こる問題とは別の問題が発生する場合があります。また，生態系保全や生物多様性も大事です。この複雑さがあるので，気象学，気候変動だけではなくて，生物学などの違う

学問の人たちを巻き込みながら議論しなくてはなりません。その人たちを巻き込む戦略として『サイエンス』などの著名な雑誌に論文を出すというようなことをやります。

　さて，サステナビリティを考えるうえで，昨年コロナ禍がいったん収束しましたが，次に別の問題がやってきます。そのなかには気候変動や生物多様性，人間の健康問題など，解決できていない問題がいくらでもあります。これらは解決すべきだけれど簡単に解決できる問題ではなく，それらによる困難をも含み込んだ，新しい理想的な社会の進捗度合いを測る指標はまだ普及途中です。

　よく知られている指標といえばやはり GDP です。しかし近年，GDP では測らない，測れない部分の重要性も指摘されています。1 つめに，GDP は，戦争が起こって人が亡くなってもそのマイナス度合いは計算していないからです。きちんと栄養を与えたらその後子どもたちが育った効果は測れません。子どもたちのポテンシャルとしての教育の効果は大きいはずです。東日本大震災で失われたハードなインフラのマイナス分も計算していません。GDP はあくまでも追加的な消費や投資を測っているだけなので，GDP とは違う指標で社会の進展を測りましょうといわれてきました。

　2 つめに，幸福のパラドックスがあるからです。1 人当たり GDP が過去から増えても，主観的なウェルビーイング，つまり幸福度はそんなに変わらないことがわかってきました。とくに日本では顕著です。日本以外を見ると，たとえば中国の場合は幸福度が一度上がりますが，後はジグザグで，各国バラバラで，GDP の上昇とともに幸福度が継続して伸びている国はあまりないのです。このギャップがあるから通常の経済指標だけではなく，違う側面をとらえた指標も考えないと，個人レベルでもダメだという議論があります。

　幸せの国ブータンの幸福度も，アメリカの調査会社ギャラップの "World Happiness Report"（「世界幸福度報告書」）を見ると，たいして高くないですね。2 年測ってあまり高くなかったので対外的に報告しなくなりました。やはりブータン社会でも苦労していて，2023 年はとくに若年失業率が 2017～22 年の 5 年間で 2 倍以上になり，若者は国を諦めて出国ラッシュです。この「幸せの国」は日本でも話題になっていますが，なかなか次の正解といえる指標が見えない。次の方法論がないと考えられています。

1 問題提起

　そのため，今日私がお話しする新国富指標（Inclusive Wealth Index：包括的な富指標）という，ストックで経済価値を測る大きなインデックスも大事です。そしてもう1つ，幸福度（ウェルビーイング）という指標で，先の"World Happiness Report"を出しているのですけれど，こういう個々人の幸福度も知らないといけない。両方やるからこそのいい点があると思います。

　私の興味は，今日お話しするような，誰がどこに住んでいて，どういう環境だから幸福度が上がるかの調査を，空間統計を使いながら行うことにあります。そのなかで，幸福度は，どこの誰がどういう状況であるかという，地域や国の資産価値を測れるか，が私の研究対象です。

　これは政治においても大事です。つまり国連のトップ，事務総長が一言いえば，国連は大きく変わります。国連での新国富指標の推進のために，この9年間報告書の代表をやっていて，その成果として国連の中間報告（"Inclusive Wealth Report 2023: Measuring Sustainability and Equity"）が先々月（2023年8月）出ましたが，関係者は努力して出しました。この報告のなかで先述のBeyond GDPという小さなセクションがあります。

　Beyond GDPはGDPを捨てるわけではなくて補完します。2009年にJ. スティグリッツが，経済指標を新しくしようと提言しました。GDPを捨てて，当時インクルーシブ・ウェルスの前の名前だったジェニュイン・セイビングをやるべきだと発言したら，経済学者から大きな批判をあびたのです。その後に彼は反省して，GDPを補塡する指標とすればよかった，といったのですね。現実的な議論にするために，私は代替するとは決していわず「補塡しましょう」といいます。

　先の"World Happiness Report"に，インクルーシブ・ウェルス（新国富指標）が入りました。その大元が2012年からやっている"Inclusive Wealth Report"です。

　インクルーシブ・ウェルスが計測する対象は3つあり，普通のインフラのストック価値（物的資本）で1つめですね。2つめのヒューマン・キャピタル（人的資本）も計算できます。これは，国や地域で計算しますが，厳密には企業単位でもできます。

　3つめは，自然資本です。この値は気候変動が悪化すれば下がるし，新しい

図2 1人当たりの自然資本は減少（日本）

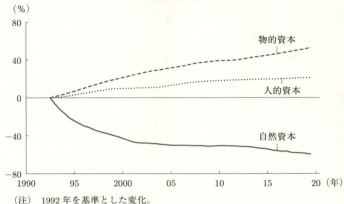

（注）1992年を基準とした変化。
（出所）UNEP（2022）"Inclusive Wealth Report 2022: Measuring Progress toward Sustainability,"をもとに筆者作成。

石油の基地を見つけたら上がります。他の2つと違い自然資本だけが過去30年間常に下がっています（図2）。これを世界経済フォーラムが引用し，GDPの半分以上は自然資本に基づいているから，自然資本の減少がGDPの低下につながっているのではと自然資本に注目が集まりました。その後，世界経済フォーラム報告では植林活動をしようという動きになっています。

　そのようななかで，大きいマクロな話だけしていても世の中はあまり変わらないと思います。そのため私は地域に入り込むべく，衛星画像と人の電話データで移動を測って移動から生まれる経済価値がどこに多いかなどの研究を始めました。JAXA，アメリカのNASA，ヨーロッパのESAと連携しながら，地域の経済価値も細かく測っています。日本中で10mメッシュごとに測って，住んでいる人のウェルビーイングがどう変化しているかを調べ，どのような多様性が経済価値を上げるかという研究を5年前に始めました。世界のウェルビーイング・データ，ハピネス・データを多くとっているギャラップと連携しています。その後ギャラップの学術アドバイザーになり，分析結果を共有しています。

　私はこのようなデータを分析をするAIチームをつくって，最新統計指標で細かく行っています。人は所得の上昇とともにほどほど幸せになるけれど，年

1 問題提起　11

齢が上がるにつれ幸福度は大きく下がります。そう発表すると，国連のSDGsのウェブに，身もふたもない結果を出したと書かれました。加齢とともに幸せ度が下がることは老齢期の貯蓄の減少とも関係しているので，日本における話では，資産をきちんと2000万円ぐらい貯めないとだめですよね，というような話になります。

　その他に，見えないところの価値を推計する研究です。世界中の大気汚染をモニタリングしていますが，測っていないところの価値も推計できます。衛星のデータとモニターのデータとをあわせて，世界最高ランクの推計精度のものをグローバルでつくっています。このようにハイテクでできますよとアピールすることで他者の協力を得ます。

　また，これらのデータから新たな課題を見つけられます。今夏は大変暑かったですがビルに囲まれたところはさらに暑くて，他より4，5度気温が上がります。真夏の東京は最悪です。このような調査は，普通は建築学者が具体的に地域に入り込んでやりますが，データサイエンスによって細かくわかることがあったり，夜の不快さも日本全国で一括して数値としてわかります。

　そして，国連と連携して，イギリス，アメリカ，中国，インドなど，各国政府の支援をして，国として目標をつくり，企業のバランスシートとして自然の価値を入れましょうという提言の作成をしています。また，主要国が集まるG20で，上記のようなポリシーレポートを，昨年，今年と書いています。そのうえで，本当に社会で使われるものと認知されたら次のステップにいくと思い，企業と共同研究してAIとESGを合わせた大学発ベンチャー，株式会社aiESGを設立しました。企業のあらゆるサプライチェーンがESG指標で見える仕組みをつくりました。たとえばこのパソコンをつくったら，バングラデシュの人権問題を侵す可能性が35点ある，などとわかる仕組みをつくりました。

　さらに産業界をもっと巻き込もうと思い，産学官のコンソーシアムNCCC（ナチュラル・キャピタル・クレジット・コンソーシアム）をつくって自然資本を増やす仕組みづくりをしています。これは，植林によってCO_2を吸収するビジネスのために，毎回ドローンで植林する場所を探すのは非常に大変なので，衛星画像を使って，一気にまず候補地を絞るような仕組みづくりをしましょうと

図 3 aiESG 社によるサプライチェーンへの影響の見える化

（注）　日本で車 1 台を生産するときのサプライチェーンへの影響を示したマップイメージ図。
（出所）　株式会社 aiESG。

いう試みです。ただ，いろいろな取組みをいいだしてもきりがないので，環境大臣に「こういうのを期待します」と一言をいただいて，産業界と公的機関も一緒ですよ，とアピールをしながらやっています。

　最初の話題に戻ります。今日のテーマ「ウェルビーイングと財政」です。財政とウェルビーイングをどう新しい社会の指標につなげるかというと，国別でストックデータはそろってきています。地方での応用データもある程度そろってきました。それを支える ESG の面からいうと，企業側も追いついています。データがそろってきて社会も動き始めて，新しい指標にいくべきだということで，まず 15 分の発表を終わろうと思います。ありがとうございました。

所得再分配と幸福

筒 井 義 郎

　本日は「所得再分配と幸福」という題で，2つの話をいたします。

　1つは所得再分配の政策がどのくらい有効か，あるいは，再分配が良いものなのか，悪いものなのかという問題です。この問題はいろいろな視点から見ることができて，第1に哲学的，思想的な問題として見ることができます。もともと市民社会ができて，その結果，経済学ができたわけですけれど，そのときの1つのキーワードが自由でした。そのなかでいちばん重要なのは，殺されないという意味の「死からの自由」です。つまり，君主が死ねといったら死ななければならないことが最も怖かったのです。そのころは偉くなって，最上の階級になると，たとえ何をしても殺されることだけは免れるという位がある，そんな社会もあったそうです。次に恐ろしいのが財産の没収でした。だから，自分の財産を守る「財産権」という概念の確立が，近代社会になったときに達成すべき大きな目標だったわけです。

　その経緯からいうと，現在の政府の所得再分配で，政府が税金をとるのはそもそも財産権の侵害であって許せないという主張が当然出てくるわけです。この意味で所得再分配が「正しい」かどうかは思想の問題で，科学的に判断できる問題ではありません。

　第2に，哲学・思想とは対極に，実用的な問題として見ることができます。課税を実行するためには所得などの個人情報が必要ですが，それはわからないのが普通で，実際に正しく税金をとるにはどうしたらいいのかは難しい。また，ある国で金持ちからたくさん税金をとろうとすると，外国に逃げられるので，あまり大幅な所得再分配を実行するのは困難です。

　これらの問題を考えると，論理的な，あるいは実証的な分析をして，所得再分配にどのような効果があるかを明らかにしたってしょうがないだろう，となります。これが所得再分配の是非という問題の出発点です。しかし，本日はこ

うした問題は棚上げにして，ともかく，所得再分配の問題を科学的な方法で扱います。

　本日提起するもう1つの問題は，民主主義の限界です。最近はまさに民主主義がさまざまな挑戦を受けている「民主主義の危機」の時代です。これは，実は民主主義がいろいろな欠陥を持っているからだと私は考えています。欠陥の1つは，民主主義は現在生きている人だけの人権を守り，彼／彼女らだけから意見を聞くものでしかないことです。つまり，将来世代が無視されている制度だということです。最近の『生を祝う』（李琴峰，朝日新聞出版，2021年）という小説をお読みになった方もいらっしゃると思いますが，これは胎児に，生まれたいかどうかの意思を尋ねる近未来の小説です。つまり，もし生まれる前に，自分の生死の自己決定権があれば，あまりに貧しい国とか自由のない国とかでは，誰も生まれることを選ばなくなるわけです。こういう形で，生まれる直前の「将来世代」の意見が現在の政治・社会に反映されるメカニズムができるかもしれません。もっと観念的には，どこに（＝どんな両親に，どんな国に）生まれるかがわからないため，もし「事前に」幸福最大化問題が与えられているならば，将来世代はすべての国の状況を平等にしたいと思うはずなのです。

　だから，生まれる前の人びとの意思をもし聞くことができるようになったら，貧しい国と豊かな国があるとの問題がなくなるわけですが，実際には（まだ？）それはできないのが民主主義の限界です。たとえば，将来世代の問題だけでなく，国別に分かれているために，他の国はどうなろうと自分の国さえよければよいという「民主主義」になりやすい問題があります。

　現在，いろいろな武力衝突が起きている世界を解決するための方策としては，他国の国民に対して自国民に対するのと同じ気持ちを持つことが重要でしょう。そしてその気持ちを持つためには，たとえば友達がいる，いろいろな国に行ったことがある，とかが必要でしょう。この方向で考えるべきだというのが私の問題提起です。

　いまからは，所得再分配の問題に戻ってお話しします。私が経済学原理主義と呼んでいることについてお話しします。社会の目的を考えると，経済学で最も重要なのは幸福であり，その次に自由だと感じます。他に平等と人間の徳が

重要な目的だと考えられていると思います。これは政治哲学の議論ですね。

　そのなかで私が注目するのは，幸福と自由がかなり矛盾することです。自由はだいたい1人ずつの問題ですけど，幸福は，1人ずつの問題でもあるけれど，社会全体の幸福という問題も重要です。そして，社会全体の幸福を上げるためには，ある特定の個人の自由を束縛しなくちゃいけなくなる可能性があります。たとえば，所得再分配を考えると，ある人からお金をとってきてとなるわけで，とられる人は絶対反対です。しかし，その金を分けてやると，社会全体としては幸福になることがありうるという問題になります。

　それでは，経済学がどう考えるかというと，経済学にもいろいろあるけれども，経済学の原理主義，つまり最もコアにいる人たちの考え方は，幸福と自由が両立する方法を考案しようというものです。そのロジックは，幸福や効用は個人間では比較できない。だから集計ができない，だから国民全体の幸福を考えることはできない，という主張です。厳密にいえば，個人のなかの感情自体が計測できないのはそのとおりでしょう。しかし，医学をはじめとする科学は，それをいろいろな客観的な指標（たとえば体温）で近似的にとらえ，それを使って分析するという方向で発展してきたと思います。

　ここでお話しするのは，経済学原理主義と決別して，所得再分配の是非について何か客観的な接近ができないだろうか，ということです。実際には，所得再分配をすると，どのくらい幸福感が改善するかという単純な練習問題を解いてみます。そのために，個人の主観的な幸福度は合計できる，と仮定します。具体的には，1人ずつの幸福度を足し算して，国全体の幸福度を計算します。それから，幸福関数は所得の対数関数だと仮定して推定します。

　対数関数を仮定すると，ご存じの方が多いと思いますが，所得の高い人から低い人へ移転すれば，必ず全体の幸福度は上がります。そして，幸福度が最大になるのは，全員が同じ所得を持ったときということも簡単に証明できます。したがって，対数関数の仮定がもし日本で成り立つとすれば，もう結論はわかっています。完全に平等にすればいい，が結論です。

　ですから，ここでは，どのくらい平等にするとどのくらい幸福になるかを計算します。具体的には，経済成長による幸福度の改善と比べると，平等は，どのくらいの経済成長に匹敵するか，を試算するのが目的です。

図4 所得と幸福度の散布図

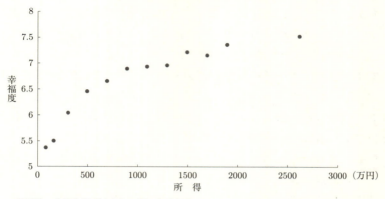

（出所）大阪大学「くらしの好みと満足度についてのアンケート」に基づき筆者作成。

　図4は，アンケート調査で，個人に主観的幸福度と世帯所得を尋ね，2009年から13年の日本人の幸福度と所得階級別の所得の平均値の散布図です。これを見ると，対数関数に近い形だとわかります。そこで各個人の主観的な幸福度を所得の対数に回帰しました。所得再分配のシナリオとしては，完全平等と部分平等。部分平等は，中間層はいじらないでそのままにして，金持ちから累進課税でとってきて，貧乏な人に同額ずつ分け与えるとします。幸福度の変化の計算には，ショートランとロングランという2つの方法を使いましたが，細かいことは省きます。もう1つは，対数関数を仮定するのには批判が多いだろうと思って，回帰ではなく関数形を仮定しない補間方法で計算してみました。

　その結果をざっと紹介しますと，まず対数関数を仮定したとき（回帰分析したとき），日本全体の幸福度の改善度は，完全平等によって0.026，部分平等では0.012改善します。これは0（＝完全に不幸）から10（＝完全に幸福）の11段階のうちの0.012ですから，ずいぶん小さいなと思われるかもしれませんが，主観的幸福感の改善は，こんな大きさであってもそれほど小さいわけではありません。これらとの比較のために採用した，全員が10％の所得改善をする経済成長では0.013，1％の経済成長では0.0014，幸福度が改善するという結果になりました。両方を比べると，部分平等シナリオの0.012が，だいたい

10％成長の幸福度の改善と同じになるのが私が得た結果です。

　もう1つ，補間法で計算すると幸福度改善の大きさが違ってきます。部分平等の場合では0.08，10％成長では0.07と，回帰分析のほぼ7倍もの大きさになります。しかし，どのシナリオでも約7倍になるので，部分平等と10％成長が同じぐらいの幸福度改善を生む結果は同じです。回帰分析と補間とで改善の大きさの推定値が大きく違うのは，予測値の計算法を考えるうえで，なかなか面白い問題だと思います。回帰では幸福度の変動のうち推定した幸福関数のR^2の分だけしか法則的な改善として評価しないのに，補間法では平均値の変化をすべて評価に反映するのが原因だろうと思うのですが，私にはまだよくわかっていません。

　それから最後に，厚生労働省が公表している現実の日本の所得再分配調査報告書の「当初所得階級別所得再分配状況」の表に基づいて，補間法で計算しました。その表の値をそのまま使って計算すると，とても変な結果になります。幸福度の改善は0.267になりますが，これは補間法で計算したときの完全平等の効果である0.14の2倍近くの大きさです。完全平等をはるかに上回る日本の所得再分配とは，まさに魔法です。よく見ると，厚生労働省が当初所得としている「再分配前の所得」の定義が変で，たとえば，当初所得に年金の所得を含んでいません。この分は空から（将来世代から）降ってきているので，純粋な「再分配」政策とはいえません。それを直すと0.07になり，これは私の部分平等のシナリオの結果とほぼ同じになります。

　もう1つ，いま推定しているものがあります。所得が平等になると，そのリアクションとして皆が働かなくなるだろう，そして働かなくなると所得が減って幸福度が下がるだろうと思われ，これが所得再分配の是非をめぐる従来の理論分析の結論でした。それで，再分配を大きくしたとき，どれだけ働かなくなるかを計算して，最終の幸福度の変化を計算するのが目標です。まだ完全にできていませんが，どうも，金持ちも貧乏な人も所得再分配によって結構労働時間が減るようです。したがって，再分配した幸福度改善効果がかなり減りそうな感じです。しかし，労働時間が減ることによる直接の幸福度増加の経路とか，経済成長でも同じような経路の効果があるだろうとか複雑そうで，この問題にきちんと答えるのは難しいかもしれません。以上です。

財政とウェルビーイング
政府は人びとの直面する苦難，課題にどのように取り組むべきか

駒 村 康 平

　慶應義塾大学の駒村です。現在，ファイナンシャル・ジェロントロジー研究センターで，「ファイナンシャル・ジェロントロジー＝金融老年学」というテーマで研究を行っています。このテーマは，加齢によって人間の認知機能がどのように変化して経済行動はどう変わるのかという研究を主題にしています。隣接領域は，ニューロサイエンス，経済学ではニューロエコノミクス（神経経済学）の研究蓄積が有益です。

　ファイナンシャル・ジェロントロジーは「老から死」の問題を取り扱います。今後の日本社会は「老」の問題が大きくなります。65 歳以上人口は 4000 万人に向かって増加中で，その 3 分の 2 が 75 歳以上によって占められることになります。肉体同様に脳機能も年齢とともに変化します。20 代と 70 代で認知機能は異なります。典型的には認知症の問題がわかりやすいですが，認知症に限らず正常加齢でも認知機能は低下します。ニューロサイエンスと経済学の研究では，年齢とともに時間割引率やリスク選好が変化することも知られています。図 5 は金融の取引能力が年齢とともにどのように変化するかをクレジットヒストリーで分析したハーバード大学の D. ライブソンらの研究結果です。

　図 5 では，金融資産の管理能力が，年齢に対して逆 U 字に動くことが確認されています。図で示すように住宅ローン等を利用する際に設定される実質金利，与信でもクレジット金利が最も低くなる，つまり金融資産管理能力が高くなるのは 50 歳頃ということになります。経済学は，あまり年齢による認知機能の変化を意識していないと思います。しかし，認知機能は情報処理，意思決定を支える能力です。経済学の従来の仮定と異なり，人間の経済合理性の程度は人生において年齢とともに変化することがわかります。他にもニューロサイエンスの分野で年齢と意思決定の研究があります。図 6 は，意思決定を 6

1 問題提起

図5 年齢と金融資産の管理能力の関係

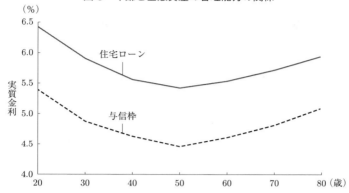

(出所) S. Agarwal, J. Driscoll, X. Gabaix and D. Laibson (2009) "The Age of Reason: Financial Decisions over the Life-Cycle and Implications for Regulation," *Brookings Papers on Economic Activity*, 40 (2), pp.51-117.

図6 加齢にともない変化する意思決定に関わるコンポーネントの変化

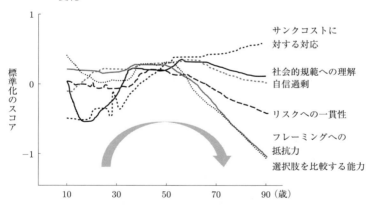

(出所) J. Strough, A. M. Parker and W. B. de Bruin (2015) "Understanding Life-Span Developmental Changes in Decision-Making Competence," *Aging and Decision Making: Empirical and Applied Perspectives*, Academic Press, pp. 235-257.

つのコンポーネント（構成要素）に分けて見たもので，こちらでも多くのコンポーネントが 50 歳前後でピークになります。年齢とともに顕著に低下するのが「フレーミングへの抵抗力」です。

このように年齢によって経済活動に関わる意思決定能力に変化が生じるならば，高齢社会で発生する経済問題を予測し，対応する手がかりになります。

なお教育経済学では「認知能力」という言葉や，医学用語の「認知症」という用語がありますが，ここでは「認知機能」という言葉を使います。認知機能の変化というと，そこには認知症も含まれますが，ここでは認知機能の低下を社会経済的にとらえていく問題意識にポイントを置いています。認知症という医学モデルではなく，認知機能の低下を前提とする社会モデルを確立することに問題意識があります。そこで，認知機能の変化が人間の経済行動に与える影響に対応する技術や制度を構築するという内容で，私ども慶應義塾大学ファイナンシャル・ジェロントロジー研究センターは内閣府から「金融包摂」テーマで SIP 研究開発事業の指定を受けています。「金融包摂」は 2019 年の G20 福岡でも高齢化が続く先進国での共通課題として確認されています。

お話ししたように認知機能は意思決定，判断能力を意味する情報を処理する能力ですが，「前頭前野」を基盤にしており，この脳機能は年齢とともに変化します。40 代から始まる集中力の低下，他人の名前を思い出せないという正常加齢は誰でも起きうることですが，そのレベルと超えると主観的認知機能低下，軽度認知障害，それから認知症となっていく。問題は，次第に自分の認知機能の低下を自分自身が把握できなくなる点です。主観的な認知機能，自分の認知機能への評価は次第に低下しますが，認知症になると逆に主観的な認知機能，認知機能の自己評価は上昇し，自分が認知症になっていることがわからなくなります（図 7 (2)）。

高齢期になると自分自身の認知機能の状況を把握できなくなることについて，自動車の運転に関する年齢別の自信の有無とヒヤリハット（危険経験）認知度の変化を見ると，高齢期になるほど自動車の運転に自信を持つようになり，危険経験の認知度が下がります。つまり加齢とともに自分自身の認知機能の状況把握が苦手（メタ認知の低下）になります。これは経済活動でも同様で，自分自身の能力を把握できなくなる自信過剰の問題として知られています。

図7 人生90年時代で認知機能の低下経験は普遍的リスク

(1) 高齢者における軽度認知障害または認知症の年齢階級別有病(症)率のイメージ

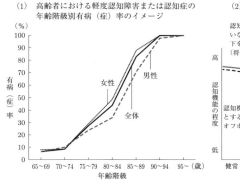

(2) 認知機能の変化と自己評価（主観的な認識）

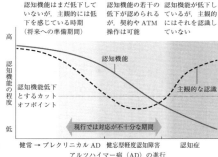

(注) (1) は軽度認知障害の有病率が認知症の有病率とほぼ同等とみなして作成した。
(出所) (1) は，粟田主一「高齢者の認知機能の特性と認知機能低下に伴って現れる諸課題」高齢者の特性を踏まえたサービス提供のあり方検討会第1回（資料6）粟田委員発表資料より筆者作成。(2) は，M. Ávila-Villanueva and M. A. Fernández-Blázquez (2017) "Subjective Cognitive Decline as a Preclinical Marker for Alzheimer's Disease: The Challenge of Stability Over Time," *Frontiers in Aging Neuroscience*, 9, p.377 より筆者作成。

　この問題は，長寿社会，高齢社会ではきわめて重要です。最頻死亡年齢を見ると，男性89歳，女性93歳になっており，2070年に男性92歳，女性96歳になると見込まれます。これだけ長生きすると軽度認知症，認知症の方が急増していきます（図7(1)）。日本の個人金融資産は約2000兆円ですが，75歳以上が保有する金融資産は600兆円ぐらいで，認知症の発症率から計算すると200兆円ぐらいの金融資産が軽度認知障害，認知症の方によって保有されている。こうした資産の見守りが不十分なことが2019年の金融庁の報告書，世にいう「2000万レポート」で言及されていましたが，その後，進んでいません。現在，私は金融と福祉を連携させて「資産の見守り」(金福連携) の仕組みを地域で確立することに取り組んでいます。

　他方で，寿命の伸長や社会保障改革のなかで個人にとっても老後の資産運用が重要です。もちろん経済的にも高齢者の資産運用は大きなインパクトを持ちます。また高齢者による金融資産の売買は年齢によって一律に制限をかけられています。年齢ではなく個々人の認知機能に応じた資産運用ができるAIツー

ル開発を慶應義塾大学医学部と京都府立医科大学と共同で開発しています。5年以内でそのツールを社会実装する予定です。

やや研究の紹介が長引きました。私はもともと社会政策を専門としております。社会政策は人びとの人生のさまざまな不条理を解決し，ウェルビーイングを改善する学問領域と見ることもできます。人生で直面する大きな困難は「生老病死」です。社会政策は「生老病死」というライフイベントのなかで，困難に向き合う人びとを支えることになります。

社会保障改革では，生＝子どもの問題や，老，病つまり年金，介護保険や医療保険が注目されます。しかし，高齢化社会では，冒頭お話しした老から死の問題も大きくなります。

2020年からの新型コロナの流行で，多くの人も死を意識したのではないかと思います。第二次世界大戦中はすべての世代にとって死が身近にありました。高齢化社会では，死はおもに高齢者の問題となっています。2040年には毎年170万人が死亡していく，多死社会になります。死者が増えるということも高齢社会においては当然のことです。死は，すべての人にとって避けられない問題で，多くの人が自然に死を受け入れて，その準備をする必要がありますが，実際にはその準備ができないまま認知機能の低下を経験し，死を迎えていきます。

当然，近親者の死亡は親族にとっても悲しみが大きく，それにより親族の医療費を引き上げ生産性を引き下げるという研究もあります。地域介護が普及するなかで，自宅で最後を迎える方も増えます。医療・介護サービスにおける看取りの重要性が増大します。グリーフケアも重要になりますし，介護サービスはますます「感情労働」の性格が強まります。現在のAIでは，喪失感や死の不安を支える「感情労働」には代替できないでしょう。

さらに高齢化社会では，単独高齢者増加の問題つまり「家族機能の低下」により死への対応が不十分になる問題が発生しますが，これまであまり政策として議論されてきませんでした。単身高齢者とその死亡者の増加は，空き家問題さらには所有者不明土地問題などを引き起こします。死にゆくプロセスのなかでは，身元保証，死後事務，残余物の処理，相続といった問題が残されます。加えて，葬儀・埋葬という問題も起きます。内閣府の「令和4（2022）年版高

齢社会白書」では，65歳以上の男性の15％，女性は22％（2020年）が単身世帯になっています。たとえば，生活保護の葬祭扶助の対象者は5万人（2021年）に達しています。墓地埋葬法では，埋葬する人がいない場合は，死亡地の自治体が代わりに行うことになっています。死の問題も，最後，究極には自治体が引き受けることになります。かつては，死は家族・個人の問題でしたが，家族機能の低下とともに死も社会問題（＝死の社会化）となります。ノルウェー，スウェーデンなどでは，葬祭の費用は公費（葬祭税）でまかなわれています。人間の最後の尊厳をどのように守るのかという点もウェルビーイングにとって重要になると思います。実際，官邸の有識者会議でもこの議論は始まっていて，まだ公の役割を詰めることはできていないようですが，今後は，都市部に膨大な孤独死といったものも増えてくるだろうと思います。

　ところでなぜこれほど単身高齢者が増えているのか。今後どうなるのか。最近は未婚の高齢者の増加が著しいです。未婚率は1990年代半ばから急増して，50歳未婚率は，男性は3割，女性は2割に接近しています。未婚率の上昇の背景には，貧困・格差問題があり，とくに男性の低所得，非正規の未婚率は著しく高くなっています。1990年代半ばからの長期経済停滞，そして「氷河期世代」に代表される就労条件の悪化による貧困・格差の拡大が，未婚率の上昇をもたらし，少子化を深刻にしたわけです。現在，50代に到達する氷河期世代は，これらの問題を抱えながら，2040年には65歳を迎えます。今後問題になるのが，未婚男性の寿命の短さです。従来から未婚者は，比較的寿命が短かったことは知られています。背景には障害や病気といった健康面の課題によって結婚できなかった事情があります。しかし，1990年代からの未婚率の上昇は，障害や病気ではなく経済要因による未婚者の増大によります。その点で，未婚者と既婚者の寿命は平準化されてくるはずですが，依然として未婚者(とくに男性)の寿命は比較的短いです。その背景には，所得と生活習慣（とくに男性）があると推測しています。この結果，社会全体の寿命が今後のどのようになるか，二極化していくのか注目していく必要があるでしょう。年金政策的にも，社会全体の寿命の伸長に連動してマクロ経済スライドで年金の給付水準を引き下げる仕組みがあるなかで，年金の給付水準を維持するために，繰下げ受給を推奨することになっていますが，寿命の短い未婚者はその対応も選

択できなくなることになります。低い年金水準で，家族もいない未婚高齢者が今後急増するなかで，老から死にわたる新しい政策課題が増えると考えられます。

このように1990年代半ばからの長期経済停滞は，「氷河期世代」の存在という形で，長期にわたって日本社会に重い課題をもたらし，政府が財政を使ってこれに対応しなければいけなくなります。

冒頭，老死から話し始めましたので，前後しましたが「生」においても「苦」があります。どの親の元（遺伝的問題）に生まれてくるかわからない，どのような社会環境，あるいは時代に生まれてくるかわからない。いわば「遺伝のくじ」と「社会のくじ」の問題です。

「遺伝のくじ」で典型なのが遺伝性の疾患，難病です。これも人類の発展のなかで，確率的に誰かが引き受けなければいけないリスクです。難病については，その医療費を消費税で賄うということが社会保障改革国民会議で決まり，成立しました（2015年施行「難病の患者に対する医療等に関する法律」）。遺伝性の疾患，指定難病になるリスク，確率的に誰かが引き受けなきゃならない不条理を社会で対応するという画期的なもので，社会の進歩と評価していいと思います。

「社会のくじ」は，人生をとりまく経済，教育環境といった社会状況や「時代」です。広く見ると「どの時代」に生まれるかもリスクだと思います。氷河期世代や生育期の重要な時期に新型コロナの直撃を受けるのは「不利な時代」に生まれたということになります。これからの世代は地球温暖化で非常に不利な環境のもとで人生を過ごす時代に生まれてくるというリスクもあります。人間の経済活動の拡大が，長期にわたって不可逆的なコストを次世代に残すことになります。

このようにさまざまなリスクを抱えて，私たちは生まれ，さまざまな不条理に直面する。この不条理を小さくし，一定のウェルビーイングをどの世代にも保障することは政府の責任と考えています。

このように「生・老・病・死」という人生で不可避な出来事に対して不条理を克服し，一定のウェルビーイングを保障する役割を政府は今後も担うことになると思います。そのため必然的に政府の役割は大きくなり，そのための財源

確保の努力が必要になることは明らかだと思います。

スウェーデン福祉国家形成における
ウェルビーイングと財政

藤田菜々子

　今日はお招きいただきまして，どうもありがとうございます。「スウェーデン福祉国家形成におけるウェルビーイングと財政」というタイトルでお話をさせていただきます。

　私の専門は経済学史と制度経済学で，スウェーデンの経済学者ミュルダールの学説や「資本主義の多様性」の研究をしてきました。2010年に『ミュルダールの経済学』，それから昨年9月に『社会をつくった経済学者たち』という単著を出しております。パネリストのなかでは，歴史や思想の観点からのお話になります。

　本日は，おもに3つの話題を提供いたします。まず，ウェルビーイングという概念そのものについて，経済学史の観点から整理します。次に，財政あるいは財政政策について，スウェーデンの歴史的な事例を紹介いたします。最後に，現代日本への示唆を考えたいと思います。

　まず1つめの話題です。ウェルビーイングという概念は昨今広く用いられておりますが，その意味は必ずしも確固としていません。ご存じのとおり，経済学では，類似語としてウェルフェア（welfare）の方が長い歴史をもっています。福祉国家（welfare state）や厚生経済学（welfare economics）の語にあるとおりです。A. C. ピグーが創案した厚生経済学は，全体的厚生が重要としつつも，経済的厚生が全体的厚生を高めるとの考えに基づいて，経済的厚生を最大化することを目標にしました。その際，功利主義的な論法がとられました。

　しかし，この厚生経済学は，効用の個人間比較を可能としている点が科学的ではないという批判を受けて，新厚生経済学が展開されることになりました。

しかし，それも行き詰まって，A. センが「福祉の経済学」としてケイパビリティ・アプローチを示したわけです。近年，この状況にウェルビーイング論が加わっております。

では，新たに加わったウェルビーイングは，どのような新規性や意味をもたらしているのでしょうか。私は互いに絡み合う4つの意味があると考えます。

第1に，主観の重視で，これは幸福度の実証分析との関連を強調するということです。この意味のウェルビーイングは，ハピネス（happiness）と近い概念と思われます。

第2に，カネやモノよりも生活状況が重要という意味で，つまりはGDP批判につながります。

第3に，各人が追求する目標であると同時に，社会が追求すべき・追求できる目標だ，という認識です。たとえば，SDGsの目標3には，すべての人に健康と福祉を，good health and well-being とあります。

第4に，「善き生」と訳されるように，卓越主義的な能力全面開花に賛同的な意味があります。

センは，福祉や平等を論じるにあたり，効用アプローチも財アプローチも批判して，ケイパビリティ・アプローチを主張しました。このことを考えると，先ほどの第1の含意，つまり主観の重視というのは，経済学説史的にはむしろ後戻りだと考えられます。

しかし，近年は成長が現実にも理念目標としても限界を迎えていること，また，知識基盤型経済に至っていることを考えれば，カネやモノによらない幸福というものを考える含意，社会のすべての人びとが追求すべき・追求できるという認識，ただ存在するだけではなくて「善く生きる」という目標設定には，新たに評価すべき意味合いがあります。

ただし，ウェルビーイングをもたらすとされる諸要素は，それぞれもっともですが，相反する可能性もあります。たとえば，高齢者の医療を手厚くすると，若手や現役世代の教育やケアが手薄になるかもしれません。また，旧来の福祉国家は成長志向的であって，環境保全と矛盾するところがあるとしばしば指摘されてきました。ウェルビーイング志向と成長志向との関係も注意して論じる必要があります。

次に，2つめの話題として，財政や財政政策についてスウェーデンの事例を紹介します。スウェーデンは，後ほど申し上げますけれども，1880年代に社会的基盤ができて，1930年代に政策アイデアが提示され，1950，60年代に経済と福祉が両立し，充実したといえます。私は，とくに1930年代という危機の時代に起こったことが重要だったと考えています。

当時（1930年代）のスウェーデンは，大きく2つの危機を抱えていました。1つは，経済危機で，大恐慌の影響によります。大量失業を受け，社民党への政権交代が起こり，長期政権が開始されました。もう1つは，人口危機で，これは持続的な出生率の低下です。結婚率は緩やかに上昇していましたが，夫婦間の子どもが減り，とくに女性が外に出て働くような都市部で顕著でした。

この1930年代の経済危機において，スウェーデンでは財政政策のアイデアが提示されました。後に「ストックホルム学派」と呼ばれることになる若手の経済学者，すなわちE. リンダール，ミュルダール，B. オリーンらが失業委員会の場で理論研究と政策提言をしました。また，社民党新政権の大蔵大臣であったE. ウィグフォシュは，イギリスのJ. M. ケインズや自由党から独自に学んでいて，「新しい財政政策」というスローガンを自ら打ち立てるような人でした。

この大蔵大臣がミュルダールに1933年の政府予算案付録を書かせています。その内容は，後年に「ケインズ以前のケインズ的政策」と呼ばれることになる反景気循環的財政政策の提言でした。ご存じのとおり，ケインズの『（雇用・利子および貨幣の）一般理論』(*The General Theory of Employment, Interest and Money*) は1936年に出されております。

一方，中央銀行も金融政策を実施して，スウェーデンは適切な経済政策により，大恐慌から迅速に脱却できたと評価されます。新政府の経済運営は成功したとみなされて，政府への信頼がここに築かれました。

また，人口危機に対して，普遍主義的福祉政策のアイデアがミュルダールによって出されました。保守派の出産奨励主義と革新派の新マルサス主義，これら2つに意見が対立しているなか，1934年にミュルダール夫妻が共著として『人口問題の危機』(*Kris i befolkningsfrågan*) という本をスウェーデン語で発表しまして，人口論議が巻き起こります。

経済学者として，夫であるG.ミュルダール（以後「ミュルダール」と姓のみの場合も「G.ミュルダール」を示す）は，その前後に「予防的社会政策」や「消費の社会化」の概念も提示しました。いまや社会政策は，「事後的な治療から事前的な予防へ」，「消えてなくなるような消費から，人的資本への投資という意味での生産へ」，そして「一部の人への援助から全員の協力へ」と理念展開すべき時代にきているとしました。

「消費の社会化」は，出産・育児関連の消費を社会的に管理し，量・質ともに向上させる，という意味になります。現物給付を中心に，普遍主義的に福祉を提供し，財源は累進課税とすることが提案されました。

これは結局，人口を増やすねらいの人口政策，女性や子どもや家族の社会環境や働き方をよくする社会政策，そして，短期的には雇用創出，長期的には生産力向上の経済政策，これらの一体化案であったといえます。

共著出版の翌年には，人口委員会が設置されて，1937年の議会は「母と子の議会」と呼ばれるほど関連法案が相次いで採択されました。1930年代は，他の国でも福祉国家形成の時期にあたりますけれども，スウェーデンの場合，このような人口論議があったことで，早期から幼若年層や家族向けの政策が充実し，女性のワーク・ライフ・バランス（WLB）が推進されました。

図8はちょっとしたまとめの図になります。1930年代の2つの危機（経済危機・人口危機）がスウェーデンの経済・福祉政策の特徴をつくりだした起点です。そして，それ以降の流れは，「人的資本への投資」という点で互いに関連してきました。経済危機への対処が成功したとみなされ，政府は信頼を得て，戦後さらに「レーン＝メイドナー・モデル」ができてきます。

人口危機への対処では，普遍主義的福祉の考え方が受け入れられ，そこには福祉とは幼若年層に対する社会からの積極的な人的資本への投資だという考えがあって，つまりは，福祉は経済にプラスになるという思想が含まれました。この，現役世代への福祉，あるいは，経済と親和的な福祉，という説得が非常に重要で，これ以降スウェーデンでは福祉政策と経済政策が重なり合ってきたといえます。

さて，20世紀初頭にとても貧しかったスウェーデンは，これらの出来事がありまして，戦後非常に豊かな社会を実現することができました。しかし，戦

図8 経済・福祉政策の起点としての1930年代危機から「人的資本への投資」方針への流れ

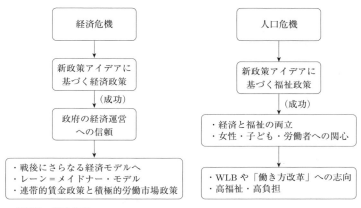

（出所） 筆者作成。

後の新たな経済問題は、おもにインフレで、そこに戦前の財政政策は不適だとみなされました。ここから有名なレーン゠メイドナー・モデルが出てくることになります。

レーン゠メイドナー・モデルは、戦前に結ばれていた労使協定を基礎に、同一労働・同一賃金の連帯的賃金政策、そして積極的労働市場政策、この2つを組み合わせた供給面からの新たな成長戦略です。これはしかし、人的資本への投資という点においては、戦前からの連続性も大いにもつものと見ることができます。

また、1950年代末になると、普遍主義を維持し全国民強制加入の付加年金を導入するかどうかで大いにもめまして、結局1票差でその案が通りました。これ以来、スウェーデンはいわゆる「高福祉・高負担」の道を歩んできております。その時期の社民党のスローガンに「自由選択社会」というのがありますけれども、これは長く首相を務めたT. エルランデルが、保守派が得意とする「個人の自由」という概念を取り込み、豊かな社会では公的介入や社会保障があってこそ個人の自由が実現すると説いたものです。

表1はスウェーデン・モデルの形成と変容について、まとめとなる年表をお示ししています。スウェーデンの歴史は財政学からもよく研究されることが

表 1　スウェーデン・モデルの形成と変容

年　代	おもな出来事
1880～1920年代	SAP 結党（1889年），LO 設立（1898年） 自由党との連立政権（1917年）→単独政権（1920年）
1930年代	ハンソン政権（1932～46年）：「国民の家」 「ケインズ以前のケインズ的政策」，普遍主義的福祉の理念 サルトシェーバーデン協定
1940年代	挙国一致→エルランデル政権（1946～68年） 1920年党綱領改正（1944年），新国民年金制度（1947年）
1950年代	レーン＝メイドナー・モデル（1951年） 付加年金論争（1958～59年）→可決。高福祉・高負担へ
1960年代	「自由選択社会」（1962年），「強い社会」
1970年代	パルメ政権（1969～76年，1982～86年） 経済停滞，労働者基金の提案，政権交代
1980年代	フェルト蔵相による「第3の道」（金融規制緩和，1983，85年）
1990年代以降	バブル崩壊（1990年），政権交代，経済・福祉政策改革

（出所）　筆者作成。

あると思いますが，大まかにいうと，ホップ・ステップ・ジャンプという感じで，ホップが1880年代，その社会の基礎ができ，ステップが1930年代，危機のなかで政策アイデアが出て，ジャンプは1950～60年代，成長期ですね，スウェーデン・モデルが確立したといえるかと思います。また，今日は扱いませんが，最近では1990年代初頭のバブル崩壊後の財政再建も注目される点で，とくに日本との比較が興味深いと思います。

　最後に，これまでの議論をふまえて，現代日本の政策課題について考えます。昨年（2022年10月3日）の岸田首相の所信表明演説では，「新しい資本主義」がうたわれました。賃上げ，労働移動の円滑化，人への投資という3つの課題の一体的改革を進めると語られました。少子化対策の重要性も指摘されております。かなり北欧的な要素が見られる印象です。

　日本の現状は，戦後からしばらくうまく回っていた日本型資本主義と日本型福祉社会が行き詰まり，成長が鈍化し，少子化や格差が顕著になっています。そして，人的資本や人的投資がその解決策として昨今期待されているように思います。

1 問題提起

しかし，経済学史家，そして北欧研究者の私の目から見ますと，岸田政権のいう人的投資というのは，経済ばかりで福祉を見ていないことが残念に思われます。スウェーデン的にいうと，人的投資というのは経済と福祉を架橋しうる概念だからです。また，そうした考えをうまく示せば，ウェルビーイングの経済への政治的合意をとれる有効な言説となる可能性もあるのではないかとも思います。人的資本，ヒューマン・キャピタルというと，シカゴの経済学者 G. ベッカーの議論がもちろん有名ですが，ミュルダールは，はるかに早く 1940 年に『人口』(*Population: A Problem for Democracy*) という本のなかでその概念を用いておりまして，そこには投入 - 産出関係を超えるような人間的・福祉的な意味が含まれていました。

というわけで，現代日本では，とりわけ福祉と成長の関係を問い直すことが重要ではないかと考えます。福祉は，幸福や社会的安定を高めるのならば，それ自体が重要です。しかし，経済にプラスとなる福祉というのがあるのであって，とくに女性・子ども・家族・現役世代への福祉がそれにあたるでしょう。これまでの日本は，こうした考えや上記の対象への公的福祉が薄かったといわざるをえません。ミュルダールの考えでは，平等と成長は好循環の関係を築けます。また，福祉は平等だけでなく，自由や社会的連帯を生む。そして，福祉は人の能力を引き出して，労働生産性を伸ばすものである。このようにミュルダールは考えていました。

最後になります。ミュルダールの社会目標として，「発展」ということを紹介したいのですが，その前に，まずは彼が友人の経済学者 J. K. ガルブレイスの有名な著作『ゆたかな社会』(*The Affluent Society*) について，次のようにいったことを紹介します（表 2）。

ガルブレイスはアメリカが豊かになったと書いたけれども，アメリカ国民の 5 分の 1 が貧困なのだから，アメリカは決して豊かではない。そして，アメリカ国民のなかで活用されていない階級はアメリカの生産手段の浪費を象徴するもので，その解決策は社会改革でなければならないと述べ，ミュルダールはアメリカやガルブレイスに対して，スウェーデン流の指針を示しました。

そしてまたミュルダールは別の論文で「成長」と「発展」を区別しています。そこでは「発展」は，全社会システムの上の方向へのシフトだといってい

表2　ミュルダールによるアメリカ社会への提言

① ガルブレイス『ゆたかな社会』(1958年) に対して
  ・アメリカ国民の5分の1が貧困だから、アメリカは豊かではない。
  ・「アメリカ国民のなかの活用されていない、もしくは十分に活用されていない階級は、同時にアメリカの生産資源の最大の浪費を象徴するものである。……経済進歩に拍車をかける主要な政策手段は、社会正義に役立つ大規模な社会改革でなければならないだろう」(『豊かさへの挑戦』小原敬士・池田豊訳、竹内書店、24頁、1964年)。
② 成長と発展:「発展とは何か」("What Is Development?" 1974年)
  ・発展とは「全社会体系の上方への動き」であり、経済的要因とともに非経済的要因も含む。集団的な消費、教育、健康に関わる諸機関、権力分配、制度や態度、またそれらに影響を与える政策を包含する。
  ・目指されるべきは成長よりも発展である。

(出所)　筆者作成。

て、経済的要因だけでなく非経済的要因も含むとしました。集団的な消費、教育、健康に関わる諸機関、権力分配、制度や態度、またそれらに影響を与える政策を含む、としました。ミュルダールは、目指すべきは「成長」よりも「発展」であると明確に述べています。スウェーデン的といえますし、経済と福祉あるいは、経済とウェルビーイングの両立を展望するものといえるでしょう。

ではこれで私のお話を終わります。ありがとうございました。

2 フロアを含めた討論と結語

◆ **コーディネーター** 4人のパネリストの先生方，どうもありがとうございました。

それでは，パネルディスカッションに移りたいと思います。私からいくつか問題提起をさせてもらって，パネリストの間でまずディスカッションをいたします。場合によって最後はパネリスト相互で議論できればと思っております。その後，フロア討論に移れればと思います。

では私から問いかけをさせていただきたいと思いますが，今日はパネリストの先生方からウェルビーイングとは何か，あるいは馬奈木先生から新国富というキーワードも出ました。さらに，ウェルフェアという経済学が伝統的に考えてきた概念もあります。

いろんな言葉遣いがありますが，こういった議論が出てきた背景があるのですよね。私たちの社会，とりわけ経済政策のなかで，成長を目指すことが私たちの思考の中心をなしていて，それを追求した結果としていろいろな要素が落ちてしまうという問題が出てきています。私たちが社会で生きていくうえで幸福を追求したときに，GDPを追求しているだけでは拾いきれない多くの重要なものが本来はあるはずです。以前なら，乱暴にいうと成長が大事で，それ以外の要素は後回しでいいじゃないかということだったかと思います。まず成長して豊かになって，衣服，食料，基本的な栄養，そして住環境。これらを満たすことが最優先という時代がたしかにあったと思います。

ところが，それが満たされた結果として，経済の成長／所得の伸びと，生活

満足度／主観的幸福の伸びが乖離する現象が観察されるようになりました。金銭的・物質的豊かさが，必ずしも幸福につながっていないというわけです。このギャップをどう埋めるかという議論が，日本だけでなく世界的に提起されるようになりました。

先生方にお聞きしたいのは，そういうなかで私たちの社会の究極目的をどう設定すべきなのかという点です。GDP が批判されているにもかかわらず，なぜ GDP が使われ続けるのか。GDP に対する批判は早くは 1970 年代からすでに行われておりまして，GDP 代替指標の研究もたくさんあります。

けれど，結局は定着しておりません。依然として私たちは GDP を指標に豊かさを測っている。この問題をどう考えるのか。主観的幸福をはじめ，理念や概念としては GDP に代わる指標の提案はあります。しかしそれらに基づいて，たとえば主観的幸福最大化を目的とする政策を実行しようとすると，途端に難しくなります。

まとめますと，私たちの社会の究極目的は何なのか。それが定まれば，そうした社会目的を実現する政策的なガイダンスとなりうる具体的な指標をどのように見いだすのか，この点をお聞きしたいと思います。

まず馬奈木先生から最初にお願いします。

◆ **馬奈木**　ありがとうございます。先ほど発表で，昔はジェニュイン・セイビング等といわれていて，いまはインクルーシブ・ウェルスといわれる指標の紹介をさせていただきました。この指標は元は環境・資源問題から始まりましたが，最近は教育や健康まで含めたインデックスになってきました。

長い間代替指標が必要といわれながらもきちんと使われなかった原因は，代替指標の不完全さだと思うのです。たとえば昔だと，グリーン GDP（環境調整後 GDP）という言葉をまず学者がいいはじめて，その後に OECD が Better Life Index を出したり国際機関が関与してプロモーションしたりしますが，これらはすべて失敗しました。

失敗した理由は，指標としてできたものが，結局はただの付録だったからです。先生方，本の付録はそんなに読みませんよね。または，付録から読みませんよね。よほど暇ではない限り。ジャーナル・ペーパーでも，アペンディクス

を最初から読まないですよね。それはそのとおりで，やはりアジャステッド，調整とかアネックスとか調整後で見ますというのだと，結局メインのGDPには勝てなかったのです。

　それに対抗して，アロー，トービン，W. ノードハウスと指標作成の努力をしてきたノーベル賞受賞者もいます。そこから派生をして1992年に国連もいいだして，2012年には先述の"Inclusive Wealth Report"が出ました。実際の政策に経済理論を反映させるのは日本という一国の政府でも大変ですが，国連という193の国が集まる大変な組織でも採用したことは学術の進展だと思います。

　ここでの進展の理由は，データの進展によってですね。進展があったので，アペンディクスとかアジャステッドとかアネックスとかいわずに，インクルーシブ・ウェルスという包括的な富というものをいいだしたのです。2012年に包括的な富という言葉で私たちは日本語でも提言しましたが，評判はよくありませんでした。そもそも包括的に考えましょうとか高いところの視点からという人ほど，うさん臭いですね。国の富だから国富といおうと思ったのです。国富という言葉自体はあるので，いつか正式に国富の計算はこれで行うとなったらいいなとの思いで新国富と名づけました。

　ただし永遠にこういう指標は不完全で，GDPも役割が変わってくるのと同じで，このようなウェルネス指標もやはり不完全で今後も変わっていくと思います。だから，ある種の閾値を超えて，ほどほどに使えるようになったのが現在です。そういう意味での完全性が少しずつ増してきたというのが私の理解です。以上です。

◆　筒井　　先ほどの報告で少し触れましたが，人間社会の最終目標を私は幸福だと思っています。自由は，それがなければ幸福になれないという意味で，非常に重要であるけれども，その重要さは最終的に幸福度に反映されていて，幸福度を測れば自由の効果も測れているだろうと思います。つまり，最終目標は幸福であると考えて，ほとんどの人が同意するだろうと思っています。

　それでは，どうやら財政学の人が自明としているらしいGDPの重要性ですが，やはり，幸福になるためにGDPは重要な要素として評価されると思いま

す。その重要性は経済成長の程度に依存し，幸福になるためにGDPは決定的に重要だという国がたくさんあると思います。貧しければ幸福になれないことはほとんど自明のことでしょう。

　それでは，豊かになればGDPは重要でなくなるかというと，これが面白いところです。たとえば私は若いころには，私が年寄りになるころには働く時間は半分ぐらい，1週間のうち3日ぐらいになるのではと思っていたのですけれども，とんでもないわけで，日本だけでなくどこでも皆長時間働いています。これは労働が楽しいからかというと，どうもそうではないことがわかってきました。幸福研究をやっていてデータを見ると，働いていない人が幸福で，働いている人は不幸というのが普通です。だから，楽しいから働いているわけでもない。

　結局，それは限りない欲望の追求です。たとえば，いまスマホがなかったら，とても不幸で生活していけないみたいな幻想があります。生活水準が上がってもどんどん欲望が増えていくので，GDPの向上は実は幸福を保つために永遠に必要なのではないかと思うようになりました。もっとも，皆さんも私も含めて，おかしくなっているからですが。これに関していうと，幸福とは単なる主観的幸福ではなく，道徳的要素を含めた幸福の質が重要だというアリストテレス以来の考えがありまして，もしそう考えればまったく逆の結論になります。私は単なる主観的幸福論者です。

　もう1つ。最終目標は幸福であるとして，それとの関係でGDPがどのように位置づけられるかというと，金融政策の分野では最終目標の前に中間目標とか，操作目標，政策手段とか，順番に下位の目標をつくっています。身近に操作できるような目標を動かし，その次の目標がきちんと動いているかどうかを確認して，ということを順にやっていくわけです。最終目標，それは金融政策ではGDPなのですけれども，その前に，たとえばマネーサプライとかいろいろあるわけですね。

　その例にならって，幸福を最終目標にするとしても，具体的に最終目標を達成するために，その前の中間目標としてたとえば自由とか，GDPとか，馬奈木先生が研究しているいろいろな指標みたいなものをもってくれば，財政政策の目標達成プロセスとしてワークするのじゃないでしょうか。そんな感じでお

ります。

◆ コーディネーター　ありがとうございました。では，駒村先生お願いいたします。

◆ 駒村　ありがとうございます。今日はあまりウェルビーイングという表現が多くなかったと思います。加齢にともない高齢者の認知機能が変化するなかで，ウェルビーイングをどのように考えるかが大切になります。諸富先生との共同研究でご一緒した京都大学の内田由紀子さんの研究では，ウェルビーイング，幸福度の測定はその社会の文化を超えて評価できるのかという問題提起をされています。GDP よりはウェルビーイングがよい概念だろうと思いますが，測定方法の確立にはまだ議論があると思います。年齢が上がれば上がるほど幸福度が上がってくるというのは多くの研究で確認されていて，これはおそらくジェロントロジーで考える「老年的超越」というものではないかと思います。すなわち高齢期に入ると物質的な豊かさは大きな要因ではなくなって，精神的な，非物質的な豊かさこそが重要であるとされています。そうなると高齢社会では，物質的な豊かさ，GDP はウェルビーイング，幸福度と乖離していくのではないでしょうか。

　その他にも GDP の成長率などに振り回されるとおかしな議論も出てきています。

　現在，介護労働者の生産性が低いことが指摘され，介護報酬を引き上げ介護労働者を確保することで，生産性の低い領域が温存され，GDP を抑制し経済全体の足を引っ張るような議論がありますが，これはおかしな話だと思います。介護サービスの質や外部性が十分評価されず，介護の価値が介護報酬そして付加価値生産性に反映されていないのも問題です。

　介護のような公的サービスの質や価値の測定は，2000 年頃にイギリスで A. B. アトキンソンが議論して課題が多いことも確認しているので，表面的な介護の生産性の低さを議論するのはおかしいと思っています。

　300 万人近い現役世代が要介護の親を抱えながら，離職しないですんでいることは GDP にも大きく貢献しています。こういった部分も介護の生産性議論

には反映されていない。

　GDP神話には市場も関わっている。GDPは市場の取引を記録したものですが，経済学が市場メカニズムに高い信頼を置いている部分も重要です。しかし，ニューロサイエンスを経済に応用した研究では，時間割引率やリスク選好の安定性，そして「合理的経済人」の想定にはかなりの疑問が提示されています。人間の合理性の限界，先ほどのライブソンの研究をどのように評価するかという点にも関わるのではないかと思います。

◆　コーディネーター　　ありがとうございます。では，藤田先生お願いいたします。

◆　藤田　　社会の究極目標とは何かという1つめの問いがありましたけれども，報告時にお示しした表2をご覧ください。

　ミュルダール的にいうならば，もう答えは出ていまして，それは「発展」ということになると思います。「発展」のなかには経済だけでなく，表2にあるとおり社会や政治といったものが入ってきます。

　もう少しいいますとミュルダールは福祉国家の推進論者でしたから，福祉国家に賛同していて，そこでは自由・平等・友愛というヨーロッパ的な価値が実現される，福祉国家を基盤として自由・平等・友愛が実現されると考えていたといってよいと思います。

　ただし，私はミュルダールではもちろんありませんし，ミュルダールは過去の古い人ですから，環境についてはやはり手薄というか関心があまりなかったといわざるをえないです。そして，その「発展」という目標はある意味マクロな社会的な目標です。

　今日のウェルビーイングの話になってくると個人的なことも大事だという話になります。幸福度とか，そういうことですね。しかし，個人もやっぱり重要だけれど両方とも，つまり社会もまた重要なのではないかが私のいいたいところです。

　個人の幸福度といっても，経済学史上たとえば功利主義を論じるにあたって，J. ベンサムのオリジナルのものから，J. S. ミルの質を問うような功利主

義に移っていく。よくいわれるのは、太って満足した豚よりも痩せて不満足なソクラテスであれ、みたいな。そういう話があるときに、人格の陶冶、社会の教育によって個人の人格が高まっていくことが大事であると、あるいは個性を発揮することが自由を守るといった話がありますので、個人と社会の両面をこれからは見ていくべきだと思います。個人の幸福を見るときも、身体的、精神的、あるいは教育レベルといったものを複合的に考えないといけないと思います。

なぜ GDP が使われ続けるのかというもう一方の問いがありましたけれども、これについては私は他の指標がどういうふうに難しいのか、測定の仕方や技術をあまりわからない人間なのですが、ある意味 GDP は単純というか、わかりやすい、どこの国・どこの人でも求めたいものであることは確かだと思います。

それに対して、他の指標は、たとえば価値の多様性だとか目標間の相反する性質を考えると難しいことになってきます。環境と成長の対立だとか、世代間においてたとえば教育か介護かと選択を迫られるようになってくると、なかなか難しい話になるということで、一般的には GDP がやはり使われ続けるのかな、と思想面からは考えられます。以上です。

◆ コーディネーター　ありがとうございました。もうここまでで十分にパネリストの先生方の間で、このテーマをめぐる非常に重要な論点が提起されたと思います。

私からの問題提起ですが、馬奈木先生からは、なぜこれまで GDP 等に代替的な指標が失敗してきたのかについてお話しいただきました。GDP には強みもありながら、弱点はフロー指標であるということで、経済規模が昨年から今年にかけてどれだけ増えたかについては GDP でよく測られる。他方で、馬奈木先生もずっと注目をされているストック、典型的には自然資本ですけれども、これについては GDP で測れないために、それをとりこんだ代替的なストック指標づくりが重要性を帯びてきているということですよね。宇沢弘文先生の「社会的共通資本」概念もそうですが、自然資本などのストックは、私たちの生産と消費の基盤となって経済社会のあり方に大きな影響を与えています。

つまり，フローとストックを区別したうえで，ストックをより重視しなければならない時代に入ったということを強調していただいたように，私には思えるのです。この点について，馬奈木先生のお考えをさらに展開していただけないでしょうか。

　それから筒井先生には，所得再分配や働き方の問題を提起していただきました。人間の技術が進歩すれば，ケインズが「わが孫たちの経済的可能性」（"Economic Possibilities for Our Grandchildren"）のなかでいったように労働時間は減るはずだったはずが，実際にそうはなってはいません。そして依然として就きたくない職に就いて，やりたくない労働に従事せざるをえない方々もいらっしゃいます。しかも長時間労働の問題も依然として続いている。

　ただ GDP では当然のことながら，労働から得られる効用／不効用や，格差の拡大といった社会状況は反映されません。こうした問題をどうとらえ，GDP には反映されない社会問題を明示的に経済政策上の課題として把握するために，GDP だけでなく，たとえば格差や働き方の状況を明示的に情報として出し，バランスのとれた経済政策を実行するにはどうすればよいか，さらに先生のお考えをお聞かせいただければと思います。

　駒村先生から提起された問題で非常に興味深かったことがあります。介護を例に出されましたが，投入価格で計算がなされていく，つまり介護労働の報酬，介護労働者たちの賃金のようにデータとしてインプットできるものについては経済的に評価できます。しかし他方で介護労働者がやった労働で，介護を受けた側が生活条件を改善できたことへの評価とか，あるいは，いみじくも駒村先生が触れられた，私たちの両親が介護を受けることで私たちが実は直接介護をせずにすんで，その時間を自分たちの仕事に充てられることの効用はすごく大きいはずだという指摘をしていただきました。

　ところが，それらは介護の社会的価値として GDP 指標ではカウントされません。こうしたインプット指標で評価することの限界を指摘されつつ，アウトプットで評価をすべきではないかとの問題提起も駒村先生からございました。

　さらに，物的な価値は指標にしやすいけれども，非物質的な価値は一部の市場取引される範囲では「サービス」としてとらえられますが，市場取引されていない場合は把握が困難になる，という問題も駒村先生のお話から提起された

かと思います。

　では具体的に，どうすれば私たちはアウトプットや非物質的な価値や（介護）労働のおかげで生活条件が改善されたことの価値を評価することができ，その情報を私たちが利用可能にできるのだろうかという点について，さらに議論を展開していただけませんでしょうか。

　藤田先生からは大変重要であり，同時に難しい問題を提起していただきました。私も幸福度研究をかじったときに，やっぱりGDPは強いなと思ったのは，貨幣価値という単一指標に集約して測れる点です。たとえば，馬奈木先生が先ほど提起されましたように，自然資本とか社会関係資本とか人的資本とかさまざまな資本がありますが，それらを集約する尺度をつくろうとすると途端に困難に直面します。よって，それぞれの物的単位に応じた尺度で測るしかないのが実情です。

　大気の清浄度とか，生物多様性とか，自然資本のなかですら，評価指標の集約は難しいです。人的資本の価値もその人が将来稼げる可能性についてのみ注目すれば経済価値に還元する手法はありますが，その人の持っている経済的価値以外の人間的な価値は，必ずしも貨幣換算されないかもしれません。こうした諸価値を通算し，単一指標で示すのは至難の業です。フランスのN. サルコジ大統領（当時）がスポンサーになって発足したスティグリッツ委員会による有名な報告書も，結局はダッシュボード方式といって，単一指標にまとめずに違うものは違うとしてそれぞれ表示するのがよいという結論に落ち着きました。

　けれど，GDPはすべて合算して，貨幣という単一指標で示せるわけですね。この強みにはなかなか勝てない部分はあります。

　藤田先生がおっしゃるとおり，価値の多様性，目標間の対立，こういったものを集約していくことが実は難しいこともあります。そのため，発展をキーワードとして出していただき，私も「経済成長より経済発展」という問題提起に共感するところ大ではありますが，では現実的に経済発展を目指すとなったときに，経済発展の成果をどのように評価し，計測し，政策的ガイダンスを引き出すのかという問題に次は直面せざるをえない部分があります。あえて難しい問題をさらに深掘りしてください，というリクエストで恐縮ですが，この

点，いかがでしょうか。

◆ **馬奈木**　ありがとうございます。ストックの価値にするのはフローよりも大変です。そのため 2012 年に "Inclusive Wealth Report" を出したときは，たった 20 カ国弱の推計しかなかったのです。それは人的資本，自然資本を含めた計算が難しかったからです。人工資本は普通の資本とまったく同じ考えなので多くの国で計算できるのですが，2 年後の 2014 年になって 140 カ国に増えました。いま 160 カ国以上で推計できています。このように，データの整備がなされて推計が簡単になって，フローに比べてストックは難しいながら，それでも少しずつ増えたというのが現状です。

そのため，データの整備とストックの方向性を示すのが新指標を普及させるためには必要で，いま申し上げたように経済価値にストック価値を持っていけるところが新指標のいい点です。

ストック価値を示すことの意味が，政策決定者の議員の方々に理解されるかが次の議論で，私は理解されていると思います。インフラというストックが大事なのはわかりやすいです。

しかし，議員がそれを自分の政策の中心テーマとして進めたいかというとまだ大きな興味はないと思います。目標を説明が難しい数値にしても票をとれないからです。そのため，総論賛成・各論反対の各論以前に，本当に実行できる成果を企業や地方行政で出して，世の中の当たり前にしていくべきと思います。そうして票をとれて，議員が興味を持つほどの論点にしていくのがよいと思います。

最終的にストックの価値を推計するときの難しさには，全部経済価値に換算しないといけませんから，健康や環境の価値観を全部どう経済に直すかが入ってきます。現実には，推計化は常にできるのですね。ただ，それを反映した政策がうまくいくかはまた別問題です。たとえば気候変動対策のための炭素税は 1 トンの CO_2 で 200 円ぐらい。でも，ちょうど今日話題になったスウェーデンでは 1 万円程度です。これがいまは 2 万円じゃないと回りませんと，気候変動の経済学者などはいうわけです。だからギャップがあります。

このような過小評価はよくありますが逆の事例もあります。つまり過大評価

です。たとえば有害廃棄物問題に関して，アメリカにスーパーファンド法という法律があります。化学物質が廃棄物処分場から川に流出してさあ大変というので，人の健康の価値化をし政策としてだいたい1人当たり2億円ぐらいに設定しました。本来，交通・健康政策では過大評価はあまりやらないように過剰に社会政策をしないようにブレーキをかけていますが，CO_2問題のように個人にいますぐの被害が起こるわけではない問題ではなくて，地域全体にいま影響を与える問題に関して社会では過剰に反応する場合があります。1978年にラブキャナル事件という廃棄物処分の問題が出て，当時新聞で化学産業が大きく批判されました。その結果，上記のスーパーファンド法による規制という大規模な政策ができました。しかし事後に研究をしてみると，その廃棄物処分場では実際たいした環境問題にはならなかったのです。ほんの1人の命を救うために何十億円お金がかかるような政策を導入すると，先ほどの炭素税とは逆の方に過大に出ます。

　ストックの価値が理解されるような適切な推計方法は発展したし，オペレーションという面で，ストックの価値は健康，環境などいろいろな面を含めて，普通の資本として評価できるようなものまで発展していきます。

　しかし実際の政策になると，良かったか悪かったかよくわからないものが出てきているのが現状ですね。20年前ですと，環境ホルモンとかマイナスイオンのエアコンとか，ほとんど意味がないものがたくさん出てきていました。活用した企業に怒られますね。ストックはだんだん理解されているし理想論では誰も反対しないけれど，オペレーションで回すのがなかなか難しいのが現状です。ただし少しずつ普及して，10年後に新指標は皆が当たり前に使っているものになると思います。以上です。

◆　筒井　先ほどの話の繰り返しになって恐縮ですが，最終的には幸福が目標であるとして，それでは幸福の目標達成のために何が必要なのか，という問題設定がよいのではないかと考えています。その方が，まずGDPが最終目標だと定めて，それを現実に対応できるように改良していくアプローチよりpromisingだというのが私の主張です。

　それでは幸福度を高めるために何が必要かというと，いろいろなものが必要

です。たとえば GDP も必要でしょう。でも他にもいろいろなものが必要で，たとえば自由とか環境を守ることが必要とか，人びとがゆっくり休めるとか，いろんなよい社会がありうる。藤田先生が紹介された，ミュルダールが使った「発展」というのは，そういう意味合いだったのだろうと想像しました。馬奈木先生が提唱されているウェルビーイングの指標も，基本的にはそういうことをお考えなのじゃないかというのが私の勝手な解釈であります。

　ただ何が幸福に必要かは重要な問題ですので，その研究は重要と思いますが，幸福を実現するための別の接近法の1つは民主主義の実現を目指すことではないかと思います。民主主義とは，1人ずつが自由に考えて，多数決で国の方向を選ぶことです。だから，これが答えだよと優れた人が教えてあげなくとも，民主主義に任せたらいいんだという接近もできるわけです。一生懸命馬奈木先生が自分で考えて，立派な学者が皆集まって「これだ」といわなくたって，1人ずつがたとえば選挙などを通じて国にこの目標で進んでほしいといえば，もうそれでいいじゃないかという考え方もできます。

　でもそのためには私の報告で触れた「民主主義の限界」が問題になって，大きなジレンマがあると思います。報告では究極の限界に触れました。たとえば世代を超えて，これから生まれてくる人たちのことを考えるか，考えないか。高齢者は環境や地球温暖化の問題に対して私はもうすぐ死ぬからどうなったって構わないとなり，若い人たちからは何をいうのだとなります。このような自分が生きている間だけよければよいという考えが民主主義の限界です。空間的な分断も問題で，それぞれの国民が自分の住んでいる国が大丈夫ならばよいということになります。ウクライナ戦争やイスラエルの問題もその例です。いまちょうど私はイスラエルの友達と一緒に軍事リスクの問題を研究していますが，すごく解きにくい問題だと感じます。お互いの憎悪の拡大と報復があっという間に広がっていきます。長い時間を重ねて，一生懸命相手を理解して近づこうとして努力した結果は，あっという間に，憎悪の拡大によって消されてしまいます。憎悪を広げる手段はすごく簡単で，強力です。

　もう1つの問題は，民主主義は要するに1人ずつの国民が決めることですから，国民が十分に賢くなければ変な結果になります。昔の君主制の時代では，君主が政治をやった方がよい社会になると多くの人が信じていたのだと思

います。国民は教育も受けてなければ，貧しくて，自分はけだものみたいな人間だと思っている人がたくさんいたのではないかと想像します。だから，立派な君主が治めてくれれば，自分がやるよりはいいだろうみたいな感じがあったのではないでしょうか。現代では国民がはるかに豊かになり教育も受けていますから，皆で決めても成果が挙がるかもしれない。そして，長期的には君主制よりよいことができるだろうというのが民主主義の素朴な根拠でしょう。というのは，支配者は変なことをやる人が出てくる可能性があるからですね。歴史を見ると，死ぬまで腐敗しなかった支配者はいないみたいです。

では実態はどうなのか。たとえばトランプ大統領（当時）が出てきてアメリカが分断に直面しましたが，その当時，テレビを通じても人びとの悲鳴が聞こえてきました。じっくりと向き合って真剣に話をすれば必ずわかりあえると思っていた。オカルトのような世界で政治が行われていると信じている人たちとも，話をすればきっとわかってくれると思っていた。でも，考えの出発点である事実認識が違っていて，実際の社会や政治がオカルトの世界であると信じている人を説得することなんか無理だと，そんな話でした。

アメリカだけでなく世界全体でポピュリズムが政治の中心にあります。選挙制度がある国では，ともかく得票すれば政権がとれるので国民の歓心を引く政策をとればいい。それは国民が賢い国では，立派な政策です。「立派」な政策とは，その国民が，将来幸せになって満足できるような政策という意味です。しかし国民が，自分がどういう状況になったら幸せになるかをきちんと把握できていなければ，自分が投票する人たちが自分に対してよいことをやってくれると信じていても，実際はそうならない国がたくさんあるのです。現在の世界ではこのような問題が多くの国であって，民主主義に任せておけばうまくいくはずと楽観できないことを付け加えておきたい。

◆　コーディネーター　　ありがとうございます。では，駒村先生お願いいたします。

◆　駒村　　GDPという尺度から，ウェルビーイングの方に動かしていくことは重要です。今回の課題は財政とウェルビーイングですが，私は人生におけ

るウェルビーイングの向上は財政，政府の役割になると整理しました。高齢者が増加してくる社会では，新たな問題が続々と発生する。家族機能の低下と死の問題などに代表されるように政府の役割は，従来よりも大きくなるため，早めの問題提起と準備をする必要があると思います。環境問題を見ると明らかな世代間の公平の問題になり，いまの高齢世代は逃げ切りにも見える。しかし後はどうにでもなれという問題ではないと思います。将来世代のウェルビーイングにも配慮が必要です。高い成長率や時間割引率を使って，経済成長が続けば温暖化による弊害を将来世代は我慢するべきというのは誤った議論だと思います。

　将来世代のウェルビーイングを想像できない現代世代のために，アラブ首長国連邦では2030年の汚染された空気を経験させる装置があります。私たちはそうでもしないと将来世代のウェルビーイングに配慮できないのでしょうか。問題設定を世代間の問題にせず，温暖化はいまの高齢者にとっても健康上深刻な問題である，ウェルビーイングを大きく下げるという問題設定にすることで，世代を超えて温暖化，環境問題に対応することもできます。気候老年学は，地球温暖化がいまの高齢者にどのような悪影響を与えるのかを見える化し，温暖化の問題を世代間の問題ではなく世代共通の問題に変換します。政府は，このように問題設定においても関わるべきだと思います。またGDPで測定した経済成長のみを評価の基準にすべきではないと思います。正義とか倫理の問題も重要です。たとえば，公的年金の運用はリターンさえ出ればいいのかも再考する必要がある。公的年金を運用しているGPIF（年金積立金管理運用独立行政法人）はクラスター爆弾をつくるアメリカ企業の株式も保有していることが，倫理上どうなのか国会で議論になりました。しかしGPIFは「他事考慮禁止の原則」「個別銘柄選択の禁止原則」を盾に倫理の問題に入らなかった。日本はクラスター爆弾禁止を決めたオスロ条約を批准しているにもかかわらずです。投資して利益が出て年金やGDPに貢献すればそれでいいのかも再考する必要があります。ノルウェーでは政府機関が膨大な積立金を運用していますが，政府運用機関内で「他事考慮」を深く議論し，政府機関の倫理的判断についての議論を透明性のある形で深めています。こういった議論が今後のGPIFのESG投資の議論を深める際にも重要でないかと思います。

2 フロアを含めた討論と結語

◆ コーディネーター　藤田先生，どうぞ。

◆ 藤田　GDPの強みに対して，ミュルダールのいう「発展」を目指すときの難しさについての，非常にこれまた難しい問いをいただいてしまったのですが，GDPの強みはありますし，もちろん意味もある。しかも大きな意味があると思います。したがって，それを基本とすることはできると思いますけれども，さらに考えなければいけないことも必ずあるだろうという話です。

　ミュルダールは平等の理論家と呼ばれていて，いろいろな価値が世の中にあるうえで，最も普遍的に大事なのは平等だろうといっています。しかしその平等は何の平等かということまではいっていなくて，ここに彼の含みがあります。この話にはおそらく科学的な唯一の正解はなく，「発展」の内容もいろいろ書いてありますが非常に抽象的です。具体的な中身になると，政治での合意内容に関わるのだろう，そこで決定しなければならないことなのだろうといえると思います。不可逆な歴史のなかで社会や政治の選択といった問題になってきます。

　たとえば，今日の私のお話でも示しましたとおり，スウェーデンが「高福祉・高負担」の道を歩む決断をたった1票差でしています。そういうギリギリのところで議論をして決定することが大事になる。

　つまり，政治の話ですけれどもその政治過程が大事で，そこには思慮のある人びとの存在が必要で政府の信頼ももちろん必要になる。政府の透明性や説明責任が根本的に大事になってくる。たとえばオンブズマン（ombudsman：行政機関などを外部から監察し，市民の権利を擁護する制度や団体）という言葉がスウェーデン語にあるとおり，スウェーデンはそういうところを伸ばしてきたといえると思います。そして思慮ある人びとや考え方をつくるときにアドバイスをしてきたのが社会科学者であり，経済学者であるというような本（『社会をつくった経済学者たち』）を私は昨年に書きましたが，そこに私たちの役割もあるだろうと考えます。

　なお，スウェーデンは，価値が対立したまま横並びに置くのをよしとしないところがあって，利害が対立するときでも何とかして合意を探るのがスウェーデン式です。合意形成型政治と呼ばれますが，そういう伝統も培ってきた。だ

から，こういう「発展」ということもいえるのかな，と考えております。以上です。

◆ コーディネーター　いまの点はすごく重要なことをおっしゃっていただいたなと思います。ありがとうございます。

では，パネリストの先生方にはいままでの議論を受けて，財政政策としてどうあるべきかを引き出していただく，ご発言いただく予定なのですが，時間が迫っていることもあり最後にご発言いただきたいと思います。

せっかくのシンポジウムですので，フロアの皆さま方からも，ぜひ財政学者として今日の議論を聞いて，ここが気になる，ここはどう考えるのかをパネリストの先生方に投げかけていただきまして，それに答えるなかで，財政政策はどうあるべきか，あるいは国家の役割はどうあるべきかについて議論できればと思います。

では，ぜひご質問やご発言がおありの方は挙手していただければと思いますが，いかがでしょうか。

◆ 岩本　東京大学の岩本康志です。馬奈木先生から持続可能性のお話が出まして，SDGsが重要視されているのですけども，財政の持続可能性がSDGsに入っておりません。財政はご承知のとおり，大変に持続可能ではない状態になっております。それで，環境のストックを大きく低下させる，その代わりにGDPが増えるのは問題視されるのですけれども，同じことが財政政策として，財政の持続可能性が損なわれて，それによってGDPを上げることが正当化されるのかという議論が出てこない。それはダメですという議論がやはりこの場で出てこないと，財政学会は財政の持続可能性は重要視してないのかということになりかねないので，諸富先生も含めて，何か持続可能性について言及していかれればいいと思います。以上です。

◆ コーディネーター　ありがとうございます。期待していたご質問をいただきました。ありがとうございます。

◆ 赤井　大阪大学の赤井伸郎です。諸富先生，他の皆さんもありがとうございました。

　いま岩本先生もいわれましたように，やはり財政の話があまり出てこなかったので，その点で1つ。国富指標とか，こういう指標に関して，自然資本など，お金を結局たくさんかけて積み上げれば，GDPにしろ他の指標にしろ増えてくると思いますが，その背後に借金がたくさんあります。日本はいま税金が安くて歳出が高くて，日本人にはそういう意味での幸せもあるかもしれないし，たくさん資本は増えていますが，やはり将来どうなるのかの不安もあると思います。財政の持続可能性をどう考えるかについてお聞きしたいです。

　それから，馬奈木先生がされている新国富指標で資本はいろいろ構築されているのですが，その量が上がってきて，自然環境がよくなったとかインフラが増えたとかの満足度に逆に転換するときに，日本人が感じるインフラでの喜びと，外国の人が感じる喜びは異なると思います。つまり，資本を満足度に転換するときのパラメータが各国で違うと思います。GDPであれば全国共通の視点がある一方で，満足度となると，とらえ方が違う気がします。量から満足度に転換するところで，パラメータに国ごとに差があるとか，人ごとに差があるようなことをどう考えるのかお聞きしたいです。

　最後に，外国に行って感じるのは，成長しようと思うとどうしても移民が入ってきたり，治安が悪化したり，後は格差の話は出ましたけれど，マイナスの面があります。それをどうとらえていくのか。たとえば日本人には治安の悪化はかなりマイナスになると思います。ところが，常に治安が悪いところで育ってきた人は防御策などもわかっていて，少々治安が悪くなってもあまりマイナスには感じないかもしれません。それも国によって違って，そのマイナスの面もどういう国で育ってきたのか，どういう人なのかによって感じるところが違うので，満足度に転換するときにその違いをどう感じるのか，そのあたりを教えてください。ありがとうございます。

◆ コーディネーター　他にはいかがでしょうか。では，お二人の先生，ともにお願いいたします。

◆寺井　慶應義塾大学の寺井公子と申します。皆さま，非常に興味深いお話をありがとうございました。私がうかがいたいのは，駒村先生の資料にあります，負の外部性を市場で吸収するための新しいルールづくりのなかのESG投資についてです。駒村先生が書かれている，それが女性，高齢者の就業率の上昇につながるというのは，ESGのなかでもS，ソサイエティの，女性活躍を表すESGインデックスに対して，GPIFが投資を行っていることを指しているのだと思います。

　うかがいたいのは，年金積立金のような公的な資金のオーナーが，社会的に意義のある資金運用先で資金を運用することと，公的年金制度に資金の運用を任せている人のためにより高いリターンを得ることと，この2つのバランスがとれているのか，バランスがとれていないとしたら，それをどのように見ればいいのか，ということです。また，駒村先生はSのことをおっしゃいましたけれども，環境経済学がご専門の馬奈木先生にESG投資のなかのEについてうかがいたいと思います。環境政策に関していえば，税を課したり排出権取引市場を整備したりと他にもいろいろな方法があるわけです。そのような他の方法と比べて，ESG投資の意義と問題点がありましたらおうかがいしたいです。以上です。

◆横溝　大阪自治体問題研究所に所属している横溝幸徳といいます。今日はいままでの財政学会とは違うようなスタンスでの議論ということで，非常に面白いなと思いながら聞かせていただきました。

　というのは，私の考えでは資本主義は，個人の利益追求が社会全体の利益につながる，ということを基本にしていままでやってきた。

　ところがある一定の成長段階に達すると，投資がだんだん低下してくる。しかしながら，そのなかでも利潤率はなかなか低下しない。そうすると，その余剰をどういう形で使うのか見たときに，もうけるために使う，あるいは個人のために使うのではなくて，社会のために使う，人の価値を生かすために使うというか剰余価値を人間の発達のために使う，そういう知恵が必要になってきているのではないか。そういう政府を私たちはつくりうるのだろうか，ということがいま問われている。

そういう意味で，いろいろな環境の問題もそうですし，地域での教育の問題もそうですし，日本でも男女共生の社会がいわれながらなかなか進まない，それをどう進めていくのかという問題もそうなのですが，やはりこれらの問題を財政学としても考えるべき時期にきているのではないかと思い聞かせていただきました。どうもありがとうございます。

◆ コーディネーター　ありがとうございました。まだあるかもしれないですが，時間の関係上いったんここで締め切らせていただきまして，パネリストの先生方にいただいた質問に対してお答えいただきたいと思います。
　2～3分程度しか許容時間がございませんので，これでファイナルのご発言と受け取っていただけますでしょうか。質問に対する答えと同時に，先生方のメッセージも込めていただければと思います。では，馬奈木先生からお願いいたします。

◆ 馬奈木　2015年にできたSDGsでは，過去からの反省で持続可能な開発（SD：環境・資源）に注力します。SD以外あまり注力せず，財政のことはいわずに，いったとしても街の成長など部分的な箇所に絞っています。そのため，SDをいいすぎた結果，過剰と過小評価の組合せという場違いな政策ができ，余計なことが出ているのが国際的な現状です。日本もそうだと思います。
　そのうえで，インクルーシブ・ウェルスなどの学術研究で，政府の負債を取り入れた研究はあります。*Journal of Public Economics*などに出ています。たとえばある論文では，データが限られているので十数ヵ国のみで比較を行いました。当時ギリシャ財政がいい状況になかったので，ギリシャはすごく悪く見えて，日本はほどほど，やや差があるぐらいの程度でした。ただしそのインクルーシブ・ウェルスの計算の仕方が間違っていました。また世界銀行（IMF）もレポートを出して貿易と政府の負債のことも書いています。しかし過去において，多くの場合，そもそも自然資本の計算が部分的に間違っており，いっていることもあまり意味がなかったともされています。このように，財政の先生方の研究と，通常のインクルーシブ・ウェルスなどのミスマッチがあるのが現状です。この面で効果のある投資は，リターンは資本市場にも財政

負担もなくやれることはわかっています。

　全体的に，民間や政府が行っているESG投資が適切に流れているかといいますと，以前よりは，適切な方向に向かっているのが現状です。当初は投資額が少なすぎましたね，グリーンボンドを含めて。そのうえで国によりESG投資の対象は異なり，アメリカは水問題などと気候変動関連が多くエネルギーのみでないなど国の差はあります。しかしESG投資は3年ほど前にブームになってかなり増えました。その結果として，ほとんど何もしていないけれどESGのインデックスに入っている企業が増え，それがグリーンウォッシュなどと叩かれました。その後そちらは外され，一度投資額が大きく落ちました。その後，また評価の見直しを経て増えています。そのため，やや適切になっているのが現状で，多くの国で行われているようになりました。

　次に，ESGに配慮した経営を行う企業が適切に評価されているかといいますと，あまりされていません。評価するすべが産業界・政策側からわからない。わからないけれど，銀行のグリーンファンド担当が行って，とりあえず投資してみたというのが現状です。評価についてはあまりうまくいっていませんが，少しずつそれが，先ほど私がお話ししました推計の話が進んできているために，経年で見るとよくなっていくと思っています。

　最後に1つだけ，一例を申し上げたいと思います。取組みの社会的なものに対してきちんとしたリターンがあれば，経済成長につながるので，財政に悪い影響を与えずに，よい結果になると思います。

　私は大分県の別府市と温泉医学の研究をしています。温泉に定期的に入ることによって，腸内環境が改善して人が健康になるという研究です。よく皆さんが温泉に入るときに「リューマチに効きます」などと書いてあると思いますがそれはほとんどが「言い伝え」で，半分程度は証拠がありません。私たちは腸内細菌の研究をし，または医学的に正しいことをするというので，新しい取組みとして興味を持たれ，さらに民間（株式会社明治）でも追加的に研究をするわけです。私たちが付き合っている企業も，適切な証明をして，科学的に論文も出して，それをさらに次につなげるような取組みが増えることが，財政的には小さいケーススタディですけど，積上げとしていい効果をもたらします。

　このような事例をESGのEでも，Sでも，どの結果であれ，出していくこ

とはプラスです。よりマクロな意味で国単位でも地域行政単位でも，費用効果的に社会面にプラスなものを○×をつけて行う研究はかなり進んでいます。メタアナリシスが今後きちんと行われながら，何が○で，何が×かがより明確になっていくと思います。

　総じて，脱炭素系は雇用が増えるなど悪くない結果が出ています。つまりよい財政的な効果があったと研究では出ていました。ではすべての実例で思った以上にパブリック・スペンディングが増えて，同じようによいかというと，ややそうでもない。本当に排出削減があったかまたは，そのお金が無駄に使われていないかという研究は，まだ十分には足りていないです。データが不足しています。

　ESG 投資の結果として，出てくるウェルビーイングへの各国ごとインフラごとの影響は異なります。個人データと空間データを考慮して，国内でも差が出るということで論文も書いています。難儀さやパラメータは各国違うけれども，成果のまとめと進展が新しい指標・政策利用を進めると思います。以上です。

◆　コーディネーター　　わかりました。では，駒村先生。

◆　駒村　　寺井先生のご質問に対してで，私は ESG 投資について，とくに S の部分をより重視していくと，年金財政面で異なる未来があるのではないかと思っています。たとえば，女性の賃金や活躍を評価に入れる，両立支援を評価に入れる，高齢者雇用を評価に入れる投資が行われることで，短期的にはリターンにつながらなくても，女性や高齢者の労働力の増強，少子化の抑制というルートで年金財政に貢献するのではないかと思います。

◆　藤田　　私への質問はなかったような感じがするのですけれども，最後にいいたいことは，経済と福祉，経済政策と社会政策の連携を考えないといけないということです。とくに社会政策として，女性や環境という視点が外せないだろうし，そのあたりの意思決定が財政としては国の役割に関わってきますから，透明性をもった意思決定，政治過程が大事になるだろうというお話しをし

たつもりでした。これでよろしいですかね。

◆ コーディネーター　　よろしいですかね。ありがとうございました。

　岩本先生，時間がなくなってきて，本日のテーマの財政学的／財政政策論的インプリケーションを取り上げることができなかったところ，正面からこの問題を取り上げていただいてありがとうございます。とくに財政の持続可能性が論点として取り入れられていないとのご指摘についてのみ，私からもリプライさせていただきます。先生のご指摘はまったくそのとおりかと思います。馬奈木先生がある程度お答えになりましたが，新国富や自然資本，人的資本，社会関係資本といった概念は，これまで資本とは呼ばれてこなかったストックを資本と呼び，私たちの経済社会を支える基盤となる資本概念としてとらえ直すことで，豊かさや経済政策の見直しに議論をつなげていく目的を持っています。

　これらの議論と財政の持続可能性がどういう関係にあるのかはもちろん重要なポイントです。財政の持続可能性の問題は，環境の持続可能性の問題とすごく相似的で，世代間の公平性の問題としてとらえることができると思います。議論の対象を現在世代だけでなく将来世代の幸福にまで拡張したときに，現在世代が巨額の負債を将来世代に残すことは彼らの幸福を引き下げてしまうのではないか。そうだとすると，財政の持続可能性の担保は幸福研究の視点からも重要だというとらえ方になるように思います。

　ただ馬奈木先生が説明されたように，学術的レベルでこの議論を厳密に展開しようとすると難しくなります。財政学者がずっと積み重ねてきた，たとえば成長率と金利の関係に関する財政持続可能性の理論的フレームワークをふまえて，では自然資本や人的資本などの持続可能性を担保するために，財政政策はどこまで機能しなければならないのか，逆に，自然資本や人的資本の持続可能性が担保されれば，財政の持続可能性にどのような好影響を与えるのかといった論点を含め，分析のための理論的フレームワークをつくらなければならないのではないでしょうか。現状はまだそこまで議論が進んでいないために，財政的持続可能性が幸福度研究のなかに十分取り込まれていないという問題があると思います。

　この問題の重要性は，たとえば2010年代前半の欧州ソブリン危機の発火点

となったギリシャの事例を想起してもわかります。ギリシャでは急激な財政再建を余儀なくされ結果的に貧困問題や格差などがさらに深刻になり，教育や環境保全への投資もままならなくなる事態が生じました。このように財政の持続可能性が人的資本や自然資本の持続可能性に与える影響は明らかで，それが担保されていることの重要性をふまえた議論の発展が必須だと私も思います。

さて，全体のまとめをあと1〜2分でやらなければいけないのですが，今日議論してきたテーマが学術的に進んできたことは確認できたと思います。主観的な幸福，ウェルビーイング，いろいろな言い方がありますが，こうしたGDP代替指標が世界のあちらこちらで注目され，学術界でも政策のレベルでも，その指標化と政策への適用可能性が熱心に検討されてきたことの意義は，本日の議論を通じて改めて確認できたと思います。

ただ，それが指標としてGDP並みに，公共政策や経済政策を導くガイダンスとなる情報的知見を提供できているかというと，まだそこまでいっていない。でも改善は進んでいる。そして問題の所在に関する認知も当事者の間でかなり進んできたといえます。しかしオペレーショナルなところまでいくには，もう少し進歩が必要です。本日のテーマが提起する問題は非常に重要で，GDPではとらえきれなかった環境や格差の問題を正面からとらえ，指標化して主流化を図ろうとする新しい問題提起の意義を議論できたことは，非常によかったと思います。

財政学会としては，この問題をどのように考えていけばよいかの論点については，本日は残念ながら時間制約のために宿題として残してしまいました。とはいえ，議論の方向性は提示されたと思います。つまり，これまでのGDPで測られた最大限の成長を目指す財政政策と，幸福度の最大化を目指す財政政策は，おのずとその中身が異なったものになるだろうということです。私たちの社会の究極目標がもし，GDPで測られる経済成長から，もっと多様な指標で測られる社会の幸福の最大化に移行するならば，私たちは幸福を構成する要素を見つけ，それらを増やしたり伸ばしたりするための投資や支援をしていく必要があります。おそらくそうした投資や支援の中身は，GDPの成長を目指す政策の中身と異なっているはずです。つまり，私たちが目指すべき社会の究極目標を転換することは，おそらく財政政策の転換を意味することになるだろう

と思います。もちろんその際に，岩本先生が問題提起された財政持続可能性を考慮する必要があります。

　こうした転換に対しては，経済成長を犠牲にすることにならないか，との批判もありうるでしょう。これに対しては，経済成長と幸福は本当にトレードオフなのか，という問題の投げ返しも可能です。仮に，短期的に成長に寄与しないとしても，格差が小さく人的資本の蓄積が進み自然資本が豊かな社会の方が，中長期的にはより高い成長を約束するかもしれません。これはESG投資をめぐる論点とも重なり合います。投資家が環境，社会，ガバナンスに着目して投資するのは，収益最大化の視点から見れば誤った戦略だという批判も可能です。しかし短期的な収益最大化を求めず中長期的な収益最大化を求めるならば，むしろESG投資に沿った投資を進めていく方が成果を得られるかもしれません。実際，ESG投資の方が通常の投資を収益率で上回るという研究もあり，また，逆の結果を出す研究もあり，論争点になっています。財政政策についても同様の論点が成立しうるでしょう。

　いずれにしましても本日は，財政学および財政政策のあり方について会員の皆さまから熱心なご意見を賜ることができ，うれしく思いました。これで答えが出たわけではありませんが，今日のシンポジウムを今後の議論のきっかけにしていただければ幸いでございます。以上で私のまとめとさせていただきます。今日は，財政学会としては大変チャレンジングな課題のシンポジウムに挑戦していただいたパネリストの先生方に，もう一度拍手をいただいて，このシンポジウムを閉じたいと思います。ありがとうございました。

解説──シンポジウム
ウェルビーイングと財政

2023年10月21日（土）・22日（日）に開催された日本財政学会第80回大会（開催校：九州大学，会場：伊都キャンパス）メイン・シンポジウムの内容を解説したもの。

◆ 解説者
　諸富　　徹（京都大学大学院教授）
　関　　耕平（島根大学教授）
　宮崎　　毅（九州大学大学院教授）
　吉弘　憲介（桃山学院大学教授）
　佐藤　一光（東京経済大学教授）

解説——シンポジウム
ウェルビーイングと財政

諸　富　　　徹[◆]
関　　　耕　平[◆◆]
宮　崎　　　毅[◆◆◆]
吉　弘　憲　介[◆◆◆◆]
佐　藤　一　光[◆◆◆◆◆]

1　はじめに——本シンポジウムの開催趣旨（諸富徹）

　2023年10月21日（土）に九州大学伊都キャンパスで開催された日本財政学会第80回大会シンポジウムでは，「ウェルビーイングと財政」をテーマとして4人のパネリストによる講演と議論が行われた。パネリストの方々には，このようなチャレンジングなテーマで報告を準備いただき，当日の議論に臨んでいただいたことにこの場をお借りして感謝を申し上げたい。
　その内容についてはシンポジウム記録のとおりである。本稿では以下，シンポジウムで行われた議論に関する読者の理解を深めるべく，その開催趣旨と各パネリストの報告内容の背景について，会員による解説と補足説明を加えることにしたい。
　以下では，シンポジウムのコーディネーターを務めた諸富がまず開催趣旨を説明し，続いて関，宮崎，吉弘，佐藤の各会員が分担して，各パネリストの報告について背景説明を行う。最後に，諸富が全体のまとめを行う。
　さて，このシンポジウムは財政学会第80回大会という記念すべき機会をと

[◆]　京都大学大学院経済学研究科教授
[◆◆]　島根大学法文学部教授
[◆◆◆]　九州大学大学院経済学研究院教授
[◆◆◆◆]　桃山学院大学経済学部教授
[◆◆◆◆◆]　東京経済大学経済学部教授

らえて，日本財政学会としては初めてウェルビーイングというチャレンジングなテーマに挑み，財政学が将来進むべき方向や可能性を議論したい，という趣旨で企画された。

ウェルビーイングという言葉は時代のキーワードの1つになっており，社会のさまざまな場面で用いられるようになっている。だが意外にもまだ，定訳がない状態である。「幸福」「善き生」「福祉」など多様に訳されているが，これは一方でウェルビーイングという概念の意味内容が非常に多面的であることを物語っている。だが他方で，どの訳語もこの概念の一面しか言い表しておらず，ぴったりな訳語が見つからないために英語表記のままとするか，カタカナで「ウェルビーイング」と表記するほかないという実情を示している（大塚・諸富編，2022）。

ところで，ウェルビーイングとはいったい何だろうか。1つ事例を挙げたい。最近，オフィスビルを評価する際にウェルビーイング指標を取り入れる試みが急速に広がっている。これは，そのビルに入居を検討する企業に対して，あるいはREITなどの形で証券化されている場合にはその投資家に対して，評価会社がビル性能を調査し，グローバルに承認された認証基準に基づいて評価した結果を開示する試みを指している[1]。オフィスとしての基本性能だけでなく，近年は省エネや使用電力の再生可能エネルギー比率など環境性能を評価する傾向が強まっていた。これに加えてさらに，ウェルビーイング指標でビルの評価を行おうとする動きが台頭している。

では具体的に，彼らはウェルビーイング指標によって何を評価しようとしているのだろうか。焦点は，ビルで活動する人びとがより快適で，健康に過ごすことができるような物質的／非物質的環境を整えているかどうかを評価する点にある。その中身は，10の大項目（空気，水，食物，光，運動，温熱快適性，音，材料，こころ，コミュニティ）で示されている。ビルの物的性能だけでなく，「こころ」や「コミュニティ」といった非物質的な性能にまで焦点が当てられている点に特徴がある。

こうした動向はビルの評価だけでなく，社会のさまざまな分野に浸透し始め

---

1) これは，「WELL認証™」や「CASBEE®ウェルネスオフィス評価認証」などと呼ばれている。

ている。これは社会が変化し、人びとが求めるものが変化してきていることを反映している。つまり、以前ならばオフィスで勤務が遂行できさえすれば、それで十分と考えられていたのに対し、より快適で、健康的で、そして何よりも精神的に安定して活動できる環境を人びとが求め始めており、それを満たすことができるビルをよいビルだと評価する傾向が強まっているのだ。

ビルの性能評価というミクロ的次元を超えて、経済社会全体についてもウェルビーイングの視点から評価すればどうなるだろうか。これまで、私たちの経済社会のパフォーマンスの優劣を評価するもっとも有用な指標は GDP であった。だが本稿の以下の行論で論じられるように、GDP だけを指標として経済社会のあり方を評価することには限界があり、長年、代替的な経済社会の評価指標のあり方をめぐって議論が行われてきた。その1つの到達点が、当時の仏サルコジ大統領の諮問で設けられた「経済パフォーマンスと社会進歩の計測に関する委員会」(いわゆる「スティグリッツ委員会」)の報告書であろう (Stiglitz, Sen and Fitoussi, 2009)。

この報告書は、「幸福」や「福祉」、あるいは「持続可能性」を経済社会の評価基準として用い、GDP を代替／補完する評価指標を創り出すにはどうすべきかという論点について、もっとも包括的な検討を行った研究成果だといえる。これ以降、国連、OECD、EU 等の国際機関においても同様に、幸福度指標や持続可能性指標の開発研究が進められ、それに基づく評価の実践が行われている。

以上の変化を前提とすると財政活動もまた、ウェルビーイングの概念と無縁のままであり続けることはできないだろう。そもそも財政活動は、何のために行われるべきなのか。また、財政活動の結果として達成されたことを、どういう観点から評価すべきなのか。そして、こうした評価軸を取り入れるならば、財政政策はどのように変化するのだろうか。これらの大変興味深い諸課題について、財政学も真剣に取り組むべきではないだろうか。そこから、財政学がさらなる発展を遂げる第一歩が生まれるのではないかと筆者は考えている。

本シンポジウムは、こうした趣旨から企画したものである。以下では順次、各パネリストの報告について、その背景となる解説を行う。

〈参考文献〉

大塚直・諸富徹編（2022）『持続可能性と Well-Being——世代を超えた人間・社会・生態系の最適な関係を探る』日本評論社.

Stiglitz, J. E., A. Sen and J. -P. Fitoussi (2009) *Report by the Commission on the Measurement of Economic Performance and Social Progress*, 〈https://ec.europa.eu/eurostat/documents/8131721/8131772/Stiglitz-Sen-Fitoussi-Commission-report.pdf〉 2024.7.11 参照.

2 新国富指標と財政学の接点をめぐって（関耕平）

財政学が社会目標・目的を積極的に形成する規範的な科学たりえようとするならば，今回のシンポジウムで扱ったウェルビーイングをめぐる議論のさらなる活性化が必要である。馬奈木俊介氏（九州大学）は，ウェルビーイングをいかに計測するのかという，これまでも多くの経済学者が取り組んできた課題について報告した[2]。

2.1 新国富指標の画期性とウェルビーイング

はじめに馬奈木氏が示した「新国富指標」（包括的な富指標：Incursive Wealth Index）とその画期性，さらにはウェルビーイングとの関係性についてまとめておこう[3]。

新国富とは，人工資本・人的資本・自然資本の3つから構成されており，生産の基盤として利用に供されることで「運用益」を生み出すストックのことである。こうして生みだされたフロー＝「運用益」の一部は「消費」されることで現在の世代の豊かさを形成し，残りは「投資」として資本へとフィードバックされ蓄えられることで，将来世代の豊かさを形成する（図1）。以上のように生産基盤として利用され，豊かさを生み出す資本＝新国富について，

---

2) たとえば都留重人は，I. フィッシャーの「資本」と「所得」概念に着目し，フローよりもストック概念に基づくほうが真の豊かさ（福祉的価値）に接近可能であると主張し，1925 年および 1960 年の時点における日本の住宅・不動産について比較・分析している。それによれば，関連支出（フロー）が 2.5 倍に上昇したのに対して，ストックでみれば，せいぜい 15% しか向上していなかったという（Tsuru, 1993＝1999, 144〜145 頁）。

3) ここでの記述は，馬奈木氏によるシンポジウムでの報告内容のほか，馬奈木・池田・中村（2016），馬奈木編（2017），鶴見・藤井・馬奈木（2021）を参照した。

図1 新国富が想定する経済フローとストック

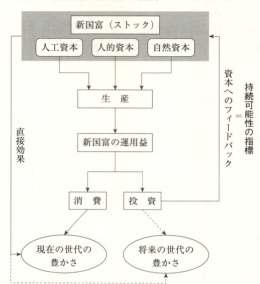

(注) 実線は現在時点で観測される資本の流れ。点線は「将来の世代の豊かさ」に貢献する資本の流れ（現在時点では観測されない）。
(出所) 山口ほか（2016）図1, United Nations University International Human Dimensions Programme and United Nations Environment Programme（2014）chapter 1, figure 1 をもとに作成された，馬奈木・池田・中村（2016）11頁，図1より筆者改変。

その経済価値を計測したのが新国富指標である。

馬奈木氏は，「理想的な社会への進捗度合いを測る新しい指標」として，自らも開発にかかわり，いままさに精緻化の過程にある新国富の画期性を強調する。

その画期性とは第1に，新国富はストック概念であるという点である。本シンポジウムにおける主題となったウェルビーイングはフロー概念である。さらに，これまでその代表的な指標とみなされながらも実際の幸福度との乖離が指摘されている GDP もまた，一定期間における追加的な消費と投資を計測し

たフロー概念である。それに対して新国富はストック概念である。

第2に，新国富はストック概念であるがゆえに，経済価値として計測された賦存量の増減を明らかにすることができる。そのため，持続可能性（将来世代も現在と同じ水準の豊かさを維持できるか）を評価しうる指標となっている。つまり，計測されたストック量である新国富指標が減少した場合，持続可能な状態にはない，ということになり，改善するためには消費を抑えて投資に回す，新国富増加に向けて手を打つ，といった意思決定が可能となる。

第3に，あくまでも経済価値として計測することでGDPと接続でき，かつ持続可能性という観点からGDPを補完していることから，現実的な指標として社会的に認知させ定着させることができる点である。

では，ウェルビーイングと新国富との関係をどうとらえればよいか。馬奈木氏によれば，ウェルビーイングの研究は主観的な幸福度の測定として研究が進展しており，この測定結果（主観的幸福度指標）の地域分布と新国富の地域ごとの賦存状況（新国富指標として示されたストック量）とを空間統計を利用し重ね合わせることで，両者の関係性を解明していくことが可能であるという[4]。こうしたデータは蓄積が進み，地域間比較が可能になるなど科学的信頼性が急速に高まっており，どこの誰がどのような幸福度にあるか，そのことが新国富の賦存状況によってどのように規定されているのか，解明されつつあるという。

2.2　新国富指標の社会実装に向けた2つの方向性とその課題

馬奈木氏は，新国富指標を社会に実装すること，つまり政策利用することで普及・定着させていくことの重要性を強調する。この社会実装には2つの方向性があると思われる。第1に，産業界を巻き込みながらの，ESG投資に際しての決定判断と事後検証の指標としての普及・定着，第2に，政府・公共部門による政策決定と事後検証の指標としての普及・定着である。

前者は，ESG投資における投資先の選択・判断基準として，あるいは投資結果の検証のための指標として精緻化していくことで，企業の資金獲得力に影響を与え，経済主体の行動変容を促そうとするものである。ここで重要なの

---

4) たとえば，住みやすさ満足度と新国富指標は正の相関がみられる（馬奈木編，2017，262頁）。

は，新国富が業界団体等による自主規制や，たんなる「参考指針」としての指標にとどまらず，企業行動や投資先選択における従来型の基本原理＝利潤最大化を上回るほどの実効性を持った指標として定着可能かどうか，という点である。こうした実効性発揮のためには新国富指標の精緻化や普及にとどまらず，誘導や規制といった社会制度上の条件が必要となり，こうした条件の形成にあたっては，公権力を保持・発揮する団体＝国家による関与が不可欠であろう。

以上のように新国富指標の社会実装に着目するならば，後者のような政府・公共部門の政策決定における利用と普及，定着だけにとどまらない，財政学との広い接点を見出すことができる。

2.3 新国富指標と「フローの社会化」

新国富指標と財政学との接点について，歴史的射程を広げつつ，さらに深めるため，ここでは「フローの社会化」という概念を媒介して考えてみたい。「フローの社会化」とは，資本主義体制において通常は私的企業に帰属し，利潤という形態をとるサープラス（余剰生産物）について，その配分・処理が社会的に決定されることを指す。都留重人によれば，「企業の経済活動の過程で生まれる資本の純所得を社会化していこうという構想」であり，法人所得税や事業税という形で，現代資本主義体制のもと，すでに一般的に行われているという。ここで重要なのは，都留が「フローの社会化」を資本主義体制からの移行（あるいは体制変革）戦略として位置づけている点である。つまり，「社会的に決定されうる」領域を拡大させることで，利潤最大化という資本主義体制の基本原理に対して着実に深く「楔を打ち込む」という体制移行戦略である[5]。[6]

こうした「フローの社会化」と「体制移行」の文脈から再考するならば，新国富指標の普及・定着，さらに社会実装とは，利潤最大化という資本主義体制の基本原理を体現した従来の経済指標を乗り越えて，「社会的に決定されうる」

---

[5] 利潤最大化という資本主義体制の基本原理は，ストック概念とのかかわりでいえば，「『自然と労働から多く取り，少なく返せ』という単純な法則」（Hickel，2020＝2023，47頁）とでも表現できようか。

[6] 都留（1983）154〜161頁。環境政策の観点から「フローの社会化」に着目して論じているものとして，除本（2009）。

際の公準として新国富指標を実体化していくことを意味しており，新たな社会経済体制への移行に向けた重要な過程として位置づけることができよう。

宮本憲一はかつて，社会主義体制の魅力が失われ「ゴールがみえない（体制）移行期」においては，公共性や社会的使用価値といった「新しい尺度」の模索と客観化こそが，現代国家の改革を進めていくうえで「きわめて実践的で現実的な課題」になると述べた[7]。

以上を踏まえるならば，新国富指標とは，体制移行と現代国家の改革をめぐる「新しい尺度」についての最新の議論と解することができる。すなわち，新国富指標は，財政学との接点を見出していくというより，財政学が正面から受け止め議論すべき，きわめて重要な問題領域であるといってよい。

2.4　新国富指標の「精緻化」と財政学・地方財政論

馬奈木氏の報告をめぐって最後に，財政学・地方財政論の観点からみた新国富指標の「精緻化」について検討しよう。なお，公平性とウェルビーイングに関する論点を新国富指標に引きつけていうならば，図1左下の「消費」をめぐる公平性と再分配に該当するが，他のパネリストや後の節においても取り上げられていることから，ここでは言及しない。

ここで検討するのは，図1の右側，投資＝資本へのフィードバックと，新国富というストックから「フローを汲み出す方法」，つまり「新国富の運用益」の「生産」をめぐってである。この「生産」のあり方によってストックの経済評価，つまり新国富指標（新国富のストック量）は変動する。たとえば自然資本のうち農地資本の場合，主要変数として収益率が設定されているため，面積当たりの収益性が高い果樹などへの作目転換が農地資本のストック量の増加として評価される。資本ストックの利用・管理のあり方がどのようなものになるか，言い換えれば「フローを汲み出す方法」によって，新国富指標として計測されるストック量が左右されるのである。

以上を念頭に置き，北海道上川郡下川町の事例に即して考えてみよう。下川町は国有林や民有林を積極的に購入して町有林化し，森林資源を基盤とした

7）　宮本（1981）106頁および309頁。

「森林総合産業」を形成している。「森林総合産業」においては製材加工だけでなく，そこから出たおがくずをキノコの菌床として利用するほか，端材をバイオマス・エネルギーの燃料や炭として利用し，その際に発生する煙でさえも木材の防腐・防虫のために活用，さらに葉もアロマオイルへと加工するなど，徹底している。このように森林資源を余すところなく利活用することで「森林総合産業」のクラスター形成に成功したのである。

問題は，既存の新国富指標における主要変数（木材生産者価格や林業収益など生産者収益率）を想定した場合，これら「森林総合産業」の形成は自然資本のストック量の増加としてどこまで把握・反映・計測されるのか，という点である。また，下川町が町有林を取得したことは，「森林総合産業」クラスター形成の始発点となったという意味で，決定的な「基盤投資」であった。しかしながら，こうした「フローを汲み出す方法」の前提となる自然資本の所有形態の変化（町有林化）は，考慮すべき重要な要素であるにもかかわらず，新国富指標（森林資本ストック量）には影響を及ぼさないものと考えられる。

さらにいえば，産業クラスター形成を支えたものとして製材加工施設などが集積した産業拠点整備（人工資本への投資）があり，森林総合産業の担い手となる人材育成といった人的資本（教育資本）への投資があった。つまり，人工資本や人的資本に対する投資が相互に関連し合いながら，自然資本ストック量（新国富指標）の増加へとつながったのである。こうしたそれぞれの資本への投資が有機的につながって相乗効果をもたらした地域の実態について，新国富指標は，各資本（人工資本，人的資本，自然資本）ストックの増加として個別に補足し計測するのであろうか。

以上のような緻密化をめぐる論点は，すでに解決済みかもしれないし，変数を増やすことによって個別に対応可能なことのようにも思われる。こうした精緻化（個別地域の実態に即した計測方法の複雑化）は，地域間の比較可能性を低下させる危険性をともなう一方で，地方自治体による産業政策の実施判断，あるいは政策評価や検証のための指標としての定着につながりうるものであり，新国富指標の社会実装を進めていくうえで重要である。いずれにしても，新国富指標と個別の地方財政・地域政策分析との相補的な研究が求められる。

「精緻化」についてさらに付け加えれば，財政学における経費分類と新国富

指標との整合性という論点がある。とくに経済的性質別分類，つまり経常支出，資本支出（資本形成），移転的支出，あるいは消費的支出と資本的支出や，ハードとソフトなどとの整合性である。下川町を例にとれば，「森林総合産業」の担い手育成事業は人的資本への「投資」であり，森林資本からの「フローを汲み出す方法」の改善を通じた森林資本ストックの経済評価＝新国富指標の増加に資する「投資」であったと解される。一方，財政学の経費分類からみれば，これら「投資」はいうまでもなく，資本支出あるいは資本形成としてではなく，経常支出あるいは消費的支出として分類することが想定される。

また，一般に社会における信頼を高めウェルビーイング向上につながるとされる社会関係資本への「投資」[8]についても，実際上の分類からみれば，ハード事業としてではなく，いわゆるソフト事業として，あるいは経常支出として分類されることが想定されよう。

いずれにせよ「精緻化」に向けた営為は新国富指標の社会実装への過程でもあり，「移行期」において，財政学にとってもきわめて重要な問題領域であることを繰り返し強調しておきたい。

〈参考文献〉

都留重人（1983）『体制変革の政治経済学』新評論。
鶴見哲也・藤井秀道・馬奈木俊介（2021）『幸福の測定――ウェルビーイングを理解する』中央経済社。
馬奈木俊介編（2017）『豊かさの価値評価――新国富指標の構築』中央経済社。
馬奈木俊介・池田真也・中村寛樹（2016）『新国富論――新たな経済指標で地方創生』岩波書店。
宮本憲一（1981）『現代資本主義と国家』岩波書店。
山口臨太郎・大久保和宣・佐藤真行・篭橋一輝・馬奈木俊介（2016）「新しい富の指標計測――持続可能性計測研究の過去と未来」『環境経済・政策研究』第9巻第1号，14～27頁。
除本理史（2009）「『環境被害の責任と費用負担』に対する書評へのリプライ（書評へのリプライ）」『季刊経済理論』第46巻第1号，105～107頁。
Hickel, J. (2020) *Less Is More: How Degrowth Will Save the World*, William Heinemann.（野中香方子訳〔2023〕『資本主義の次に来る世界』東洋経済新報社。）

---

8) 新国富指標では，人的資本への投資として整理されると思われる。

Tsuru, S. (1993) *Institutional Economics Revisited*, Cambridge University Press.（都留重人〔1999〕『制度派経済学の再検討』岩波書店。）

United Nations University International Human Dimensions Programme and United Nations Environment Programme（2014）*Inclusive Wealth Report 2014: Measuring Progress toward Sustainability*, Cambridge University Press,〈https://www.unep.org/resources/report/inclusive-wealth-report〉2024.7.10 参照。

3　幸福の経済学と財政[9]（宮崎毅）

筒井義郎氏（京都文教大学）は所得再分配と幸福という題目で，経済学だけでなく哲学や政治的な側面からも財政と幸福の関係について論じた。まず，所得再分配を行う場合には実用的な問題があることなどを論じる一方で，所得再分配と幸福との関係を，民主主義の限界や幸福と自由は相反する関係にあることなど政治的体制の面からも論じている。

そのうえで，個人の幸福は比較できない，集計できないという経済学原理主義から離れ，具体的なデータおよびモデルを用いて，所得再分配と幸福の関係性を分析している。個人の主観的な幸福を所得の対数に回帰し，日本全体の幸福度が完全平等と部分平等によってどの程度改善するのかを測定している。分析の結果，部分平等のシナリオは 10％ の経済成長と同程度の幸福度改善をもたらすという結果を得ている。関数形を特定しない補間法の推計では推計値がより大きくなるが，基本的には同様の結果を得ている。最後に，たとえば所得を完全平等にすると労働力供給に負の影響があり，そのため幸福度改善効果が小さくなること，およびその点を考慮して分析することの重要性を指摘している。

3.1　イースタリン・パラドックスとは

本パネル報告では，所得と幸福の関係に基づいて再分配政策の是非を議論していることから，ここでは Easterlin and O'Connor（2020）を参考にして所

---

[9]　本節を作成するにあたり影山純二氏（明海大学）よりコメントをいただいた。記して感謝したい。

図2　幸福度と所得における短期の変動と長期の傾向

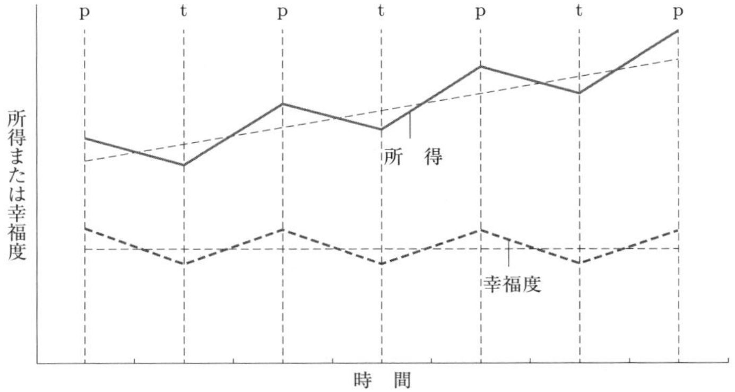

(注)　pは景気の山, tは景気の谷を示す。
(出所)　Easterlin and O'Connor (2020) Fig.1 をもとに筆者改変。

得と幸福に関するイースタリン・パラドックスを簡単に紹介したい。その後，パネル報告から得られる所得再分配政策に対する潜在的な含意についても検討する。

　幸福と所得の関係について，短期では国内および国家間でも幸福は所得と関係しているが，長期では幸福と所得の成長は必ずしも関係していないというイースタリン・パラドックスが有名である。その理由は，次のように説明できる。まず，ある一時点において所得の高い人は自分の所得をより恵まれない人びとの所得と比較することから，幸福感を得やすい。所得が低い人は，これと反対の感情を持つことになる。一方，長期的には，国民全体として所得が増加するとき，自分の所得とともに比較する人びとの所得も増加することから，所得の増加による幸福への影響がなくなる。

　これらの点は，次のように図で説明できる。図2にあるように，短期的には所得と幸福度は同じように変動していることから，両者には関係性があるようにみえる。しかし，長期的には，所得に上昇傾向がみられるものの，幸福度にはそれに対応するような傾向がみられない。このように，時間軸の違いによって所得と幸福度の関係性に関して異なる結果が得られている。

　また，所得と幸福度の関係が曲線になっているとする見方もある。図3で

図3 幸福と1人当たり実質GDPの国別クロスセクションに対する回帰曲線

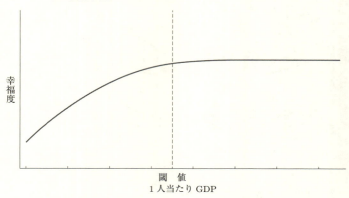

（出所） Easterlin and O'Connor（2020）Fig.3をもとに筆者改変。

示しているように，所得（1人当たりGDP）が低いときには所得が上がれば幸福度は上昇するが，所得が高いレベルにあるときは所得の上昇とともに幸福度は上昇しない。この場合のパラドックスは，1人当たりGDPが比較的高い水準に到達した場合にのみ観測される。このような図は，国家間の所得と幸福度の比較によっても示されるほか，一国内の個人レベルのクロスセクション・データによっても観察されている。たとえば，Kahneman and Deaton（2010）では，アメリカの統計を用いて所得の上昇とともに幸福度が減少する境界線を約7万5000ドルと推定している。またEasterlin and O'Connor（2020）では，1958年から1987年の間に大幅なGDPの上昇を経験したにもかかわらず，幸福度はほぼ一定であることが示され，長期的には幸福度と所得には関係がないと論じている。

3.2 イースタリン・パラドックスと所得再分配

このように，イースタリン・パラドックスによると公共政策は個人の幸福を改善するのに役に立たないようにみえるが，実はそうではない。たしかに経済成長そのものは人びとを幸福にしないが，経済および社会政策でそれが実現できる可能性がある。たとえば，1990年代の中国では，1人当たりのGDPが

増加したにもかかわらず幸福度は減少したが，政府が雇用と（経済的リスクが発生した際に安心安全を提供し保護する）セーフティネットを改善するための政策を打ち出してからは，幸福度は上昇した（Easterlin, Wang and Wang, 2017）。日本においても1990年代から2000年代にかけて経済成長は減速したが，幸福度は改善し始め，この改善は社会セーフティネットの拡大によるものであるという議論もある。そのほか，所得の上昇とともに物質面での欲求が高まる社会的比較（social comparison）という視点や，健康や家族関係など個人的属性の影響も重要である。

ここで，筒井氏のパネル報告に戻ると，所得と幸福度には正の相関があり所得の再分配によってある程度幸福度の改善が見込まれるという点でEasterlin and O'Connor（2020）の議論と整合的である。一方，所得再分配によって幸福度が改善しない可能性があることを指摘している点でも，2つの研究の見解は一致している。長期的にあるいは高所得者において，所得と幸福度に相関がみられないという点，筒井氏の所得再分配が労働供給を通じて幸福度に及ぼす影響という論点は重要である。幸福度を高めるための所得再分配政策を考える際には，財政学において議論されてきた所得再分配における効率と公平のトレードオフだけではなく，所得再分配が幸福度に影響する経路についても慎重に検討する必要があろう。このことから，個人間の幸福度格差を是正する方法として，単純な所得再分配だけでなく，雇用の改善やセーフティネットの整備などの社会・経済政策が必要であることが示唆される。

これらの点については，筒井氏，およびこの分野における他の研究者の今後の研究を待ちたい。

〈参考文献〉

Easterlin, R. A. and K. J. O'Connor (2020) "The Easterlin Paradox," IZA Discussion Paper, 13923.

Easterlin, R. A., F. Wang and S. Wang (2017) "Growth and Happiness in China, 1990-2015," in J. Helliwell, R. Layard and J. Sachs (eds.), *World Happiness Report 2017*, Sustainable Development Solutions Network, pp.48-83.

Kahneman, D. and A. Deaton (2010) "High Income Improves Evaluation of

Life but not Emotional Well-Being," *Proceedings of the National Academy of Sciences of the United States of America*, 107 (38), pp.16489-16493.

4 ウェルビーイングとリスクの社会化（吉弘憲介）

4.1 老いと死と貨幣

駒村康平氏（慶應義塾大学）の報告では，自身のファイナンシャル・ジェロントロジー（金融老年学）に関する研究を皮切りに，政府による社会的リスクの再分配に関する議論が展開されている．ファイナンシャル・ジェロントロジーは，人間の加齢にともなう認知機能の変化と経済行動の変化を分析している．この問題はミクロにおいては個人の経済活動における意思決定能力が年齢によって変化すること，そしてマクロでは継続した高齢化がもたらす認知能力の低下した個人の行動が社会全体に与える影響の累積的効果の問題と解釈できるだろう．金融資産の管理能力は年齢とともに変化し，とくに50歳頃がもっとも高い能力を示す時期とされるが，それ以降低下するとされる．

駒村氏の研究では，認知機能の低下が経済行動に与える影響に対処する技術や制度の構築にも焦点が当てられている．認知症になると，認知機能の自己評価が上昇することから，自己の能力を正しく把握できない問題が指摘されており，ウェルビーイングの観点から課題が指摘されている．

現代の社会政策において，高齢化社会では「老から死」の問題が大きくなり，新型コロナの流行によって多くの人が死を意識するようになった．しかし，大戦期のような全年齢的な死のリスクの問題とは異なり，現代では死は老いと結びついた関係をもっているとされる．駒村氏は，より多くの人が死を迎えるようになる多死社会，とりわけ単身高齢者の死が複雑な社会問題を生じさせると警告を発している．高齢単身者の増加の背景には，配偶者との死別だけでなく生涯未婚率の上昇も強く結びついている．生涯未婚率は1990年代半ば以降，継続して上昇しているが，現在50代を迎える就職氷河期世代ではより深刻となることが懸念されている．生まれつきの疾患などの「遺伝のくじ」と同様に，景気変動や社会システムの変化の間でコーホート全体が負わされるリスクの問題を論じる「社会のくじ」について，政府が適切な対応を行うことが

求められているとしている。

4.2 「社会のくじ」と情報の非対称性をめぐる論点

社会保障の問題における「社会のくじ」議論は、基本的に人間存在を脅かすリスクを、社会全体でどのように共有するかというところにポイントがある。利益を共有する公共財と異なり、リスクの再分配は「損失」の共有である。合理的な行動をとる個人が、他者の損を引き受けるのはなぜか、という問いに関してはJ. ロールズ以来、哲学的な議論が行われてきた。周知のとおり、ロールズは人間が選択して生まれることができないことを前提に、「無知のベール」という概念装置を導入して個人間のリスクの再分配を正当化した。しかし、近年進むリスクの分配論は、このような理念的な共有概念よりは、セグメンテーションに分けられ、個別化された領域で進みつつあるとされる。

興味深い論考を投じているのは、Iversen and Rehm (2022) の分析で、保険や医療に遺伝情報などが組み合わされていくことで、国民国家内で提供される社会福祉が解体しセグメント化される方向に進みつつあるとしている（福祉国家の解体）。そもそも、社会全体で公的負担やそれを支える高い限界税率を備えた所得課税や資産課税が実現されたのは、世界大戦のような「全面的リスク」のなかであるということが近年、計量手法を用いた経済史研究においても主張されている（シーヴ=スタサヴェージ、2018）。財政学者が転位効果の名で知る財政支出水準のジャンプが、「戦争の子ども」であることは古くから知られてきた。問題は転位効果を支える税や社会保険の歳入構造は、時間とともに変化していくという点であろう。全般的危機が去った後に、損を共有しつづけるために高い累進税率や資産課税をかけ続けることが困難になってきたというのが21世紀に入ってからの公共政策の世界的課題である。

非分割的であるが、利益を共有できる公共財の提供の反面で、社会保障のように損をどのように全体で肩代わりするのかという議論において、いかなる負担構造を正当化するのか、新しい社会哲学が必要となっている。しかし、コロナ禍で一時的に盛り上がったエッセンシャルワーカーへの敬意も、その後、実際に資本と労働者との緊張関係を、労働者に有利に変更したのかには疑問符もつく。そのため、社会はお互い様であるという哲学を税社会保険の負担論と接

続するのは簡単な話ではないだろう。

4.3 リスクの社会化の基盤再建への視点

　どのような形で社会的なリスクの再分配を，できるだけ広い範囲で合意形成するのか，そのために税負担をどのように増やすべきなのか。スタンチェヴァ（2022）は，アメリカにおける租税負担に関する世論調査から，興味深い分析結果を報告している。アメリカでは格差が拡大する一方で，高額所得者に対して高い累進税をかけることに必ずしも世論の一般的理解が得られていないとS.スタンチェヴァは主張する。中位投票者理論からいえば，大多数の中間層が自らの負担を相対的に下げて，資源配分を勝ち取ろうとすると，得票上，不利なマイノリティである高額所得者の負担水準を引き上げようとするはずである。しかし，現実の調査結果はそれを支持しないというのがスタンチェヴァの結論である。では，どうすれば格差を縮小するために高額所得者への負担を増やすことに対して社会は同意するのだろうか。この点についても，スタンチェヴァは示唆的な内容を記している。各税や財政配分に対して，不公平な負担についての情報を与えた後では遺産税に関しては増税同意が増えたとの結果を公表している。ただし，所得税などのケースではこの限りでないなど，情報によって負担への選好を変える場合とそうでない場合があることが指摘されている。情報の非対称性を解消することで，負担に関する各人の選好がより論理整合的になるかどうかには，さらなる研究が待たれるといえる。

　そもそも，各個人の生まれつきの健康に対するリスクなど，共有される情報の内容いかんでは先述のような「福祉国家の解体」が生じるリスクもある。情報の非対称性を乗り越えたところに望ましいリスクと負担の議論が待っているかは未知数ともいえよう。だとすれば，情報における不確実性の低下がリスク共有への同意水準を自動的に引き上げるわけではないことは理論的な帰結ともいえる。むしろ，ロールズの議論に立ち返れば，私たちは自己も他者もその人生の来し方を究極的には知ることができないからこそリスクを共有するのではないだろうか。

　さらにいえば，スタンチェヴァ（2022）やIversen and Rehm（2022）らの議論においては，個人と国家の間の関係はあるものの，資本と個人，資本と国

家の関係は明示的でない。リスクの再分配や，公共財の供給に関する議論に対して，資本はときにきわめて積極的に情報を発信するが，負担共有の議論の望ましさや正当性に関して，いかなる論理から出された情報なのかという点は絶えず検証を受ける必要がある。

　その意味では，今回のシンポジウムで行われたウェルビーング（善き生）とは，そもそも誰にとってのものなのか，その負担や提供は誰が行うべきなのかという原則論への回帰は運命づけられているようにも思える。

　完全な情報があれば，ウェルビーイング上，問題のない受益と負担が描けるわけではない。情報がありながらも，相互に無知であるかのように損を分かち合うというような，ウェルビーイングの達成を支える価値の共有こそが，全般的危機なき時代の共同の旗頭となるのではないだろうか。

　その点で，報告者の駒村氏と田中聡一郎氏が共同で編集した著書において問題が指摘される2040年代の団塊ジュニアの大量退職や高齢親族との死別による生活危機の発生などのリスクについて，社会全体がこれを個人のリスクと切り捨てずに，共同で少しずつ彼らの人生の「損」を分かち合うことができるのかどうかは喫緊の課題といえよう（駒村・田中編，2019）。その点で，リスクと情報をめぐる上記の議論は，けっして理念的空想的なものではなく，十数年後の社会が抱える「眼前の灰色のサイ」といえるだろう。

〈参考文献〉

駒村康平・田中聡一郎編（2019）『検証・新しいセーフティネット——生活困窮者自立支援制度と埼玉県アスポート事業の挑戦』新泉社．

シーヴ，ケネス＝デイヴィッド・スタサヴェージ（2018）『金持ち課税——税の公正をめぐる経済史』立木勝訳，みすず書房．

スタンチェヴァ，ステファニー（2022）「私たちはなぜ再分配の増加を支持しないのか？——経済学的調査からの新しい説明」オリヴィエ・ブランシャール＝ダニ・ロドリック編『格差と闘え——政府の役割を再検討する』月谷真紀訳，慶應義塾大学出版会，285〜293頁．

ブランシャール，オリヴィエ＝ダニ・ロドリック編（2022）『格差と戦え——政府の役割を再検討する』月谷真紀訳，慶應義塾大学出版会．

Iversen, T. and P. Rehm (2022) *Big Data and the Welfare State: How the Information Revolution Threatens Social Solidarity*, Cambridge University

Press.

5 スウェーデン福祉国家形成におけるウェルビーイングと財政（佐藤一光）

藤田菜々子氏（名古屋市立大学）は経済学史と制度経済学の観点からウェルビーイングへと接近する。結論を先取りすれば，ウェルビーイングとは福祉から人的資本の蓄積，そして経済成長へつながるような社会全体の発展を意味するという。G. ミュルダールの経済学とスウェーデンの福祉国家形成過程とのなかにウェルビーイングは先んじて現れているという議論を通して，ウェルビーイングと財政の現在と未来について論じている。

5.1 welfare economics からウェルビーイングへ

藤田氏はウェルビーイングと似たような意味合いで利用されてきた welfare から議論を展開する。welfare は日本語では厚生や福祉といったニュアンスの異なる語があてられるが，まずは厚生経済学の議論の整理から始める。厚生経済学は消費という経済活動によって生じる効用を個人間で比較したり集計したりすることが可能だという前提のもとで，経済活動の平均値と個人間での分配との両者を総合的に評価することが可能な枠組みとして発展した。[10]

講演のなかでは J. ベンサムの功利主義およびそれを発展させた J.S. ミルへの言及がなされたが，このうちベンサムはシンポジウム全体のテーマに即していえば GDP 主義的で分配には関心がないと位置づけうる一方で，ミルの功利主義は人間の陶冶を含む概念として，人的資本の蓄積に通じるという整理をしている。後述するように，この人間の陶冶こそが人的資本の蓄積を行う福祉であり，スウェーデン福祉国家の建設から学ぶべきポイントである。

---

10) A.C. ピグーの有名な命題，"subject, of course, to a large number of qualifications, that the economic welfare of a community is likely to be greater (1) the lager is the *average* volume of the national dividend, (2) the larger is the *average* share or the national dividend that accrues to the poor, and (3) the less variable are the *annual* volume of the national dividend and the *annual* share that accrues to the poor?"（Pigou, 1920, p.v）を想起せよ。

もっとも，厚生経済学の個人間の効用が比較・集計可能であるという前提は科学的性質から看過することはできない。そこで新厚生経済学では，経済政策は特定の価値観に依存せざるをえなくなると批判が展開されたのである[11]。分配問題の取り扱いの難しさは，自発的選択のもとでは望ましい社会選択が困難であるという議論へと展開していった[12]。現実世界ではスウェーデンで福祉国家の形成が進むなかで，厚生経済学は分配を論じられなくなっていったのである。A. センの潜在能力アプローチはこのような厚生経済学の行き詰まりを打破するものであった[13]。

藤田氏はこのような文脈のなかでウェルビーイングを①主観的な基準であり，②生活状況に焦点を当て，③各人にとっても社会にとっても追求すべき目標であり，④卓越主義的に能力の全面開花を目指すものと整理する。講演では省略されていたが，①には旧厚生経済学の経済基準である1人当たりGDPも新厚生経済学のパレート基準も含まれており，さらには近年の幸福（happiness）研究との関連も含まれている。②と③はアローとセンの議論を受けたものであり，④は人的資本に通じる議論となっている。そして，藤田氏が強調するのは人的資本の視点こそがミュルダールの先見の明なのであり，スウェーデン福祉国家の特徴なのだという。

5.2 成長ではなく発展を

1930年代のスウェーデンは大恐慌によって大量の失業者が発生する経済的危機と，女性が働くようになって出生率が低下する人口の危機という2つの

---

11) たとえばJ.R. ヒックスの，"endeavours to prescribe principles of policy, then (so they hold) its conclusions must depend upon the scale of social values held by the particular investigator?"（Hicks, 1939, p.696）という批判を参照のこと。

12) K.J. アローの，"If we exclude the possibility of interpersonal comparisons of utility, then the only methods of passing from individual tastes to social preferences which will be satisfactory and which will be defined for a wide range of sets of individual orderings are either imposed or dictatorial?"（Arrow, 1951, p.59）という議論を参照のこと。

13) たとえばセンの次のフレーズが有名である。"The extent of real inequality of opportunities that people face cannot be readily deduced from the magnitude of inequality of incomes, since what we can or cannot do, can or cannot achieve, do not depend just on our incomes but also on the variety of physical and social characteristics that affect our lives and make us what we are?"（Sen, 1995, p.28）。

危機に直面していた。この2つの危機に対してスウェーデン政府がうまく対処できたことが，歴史の分かれ道であるという。後のケインズ政策を先取ったカウンターシクリカルな財政政策に加え，福祉国家の建設につながる若年層への教育や職業訓練といった人的投資[14]，女性の仕事と家庭との両立を図り幼児の健全な発達を促す普遍的な現物給付の整備，事後的な治療から事前の予防といった方策は今日の福祉国家の要素そのものである。しかも2つの危機への対応の成功が，政府に対する信頼を高めた。そしてその政府への信頼が，激しい社会的対立のあった付加年金の導入を可能としたというのである。

当時の首相で社会民主党のT.エルランデルは，豊かな社会では公的介入があってこそ自由が保障されるという「自由選択社会」(valfrihetens samhälle) というスローガンを掲げた。個人と社会のウェルビーイングは公共政策にかかっている，ということである。同一労働同一賃金と積極的労働市場政策によって経済成長と完全雇用，所得平等，そして低インフレを実現するレーン＝メイドナーモデルは福祉による人的資本の蓄積と，それを通じた経済成長という典型的なスウェーデンモデルであった。そしてそれを実現可能にする政府への社会的な信頼と思慮深い国民，そして期待に応える社会科学者という条件が整っていった。ミュルダールはこのような社会の全面的な上方シフトのことを（経済＝産出量の）成長とは区別して（社会全体の）発展と呼んだのである。

5.3 社会的合意の形成

どうすれば社会を発展させてウェルビーイングを高めることが可能になるのだろうか。藤田氏はこの問いに答えることは難しいとしながらも，スウェーデン福祉国家の要素だけを並び立てる議論には手厳しい。福祉あってこその人的資本の蓄積なのであり，その結果としての経済成長＝産出量の増加であるならばそれは発展と呼ぶことができる。しかし，たんに産出量を増加させることを強調したり，スウェーデン福祉国家的なスローガンを並び立てても社会の発展にはつながらないし，逆説的であるが産出量を増加させることにも失敗して

---

14) 人的資本論の嚆矢としてT.W.シュルツとG.S.ベッカーが人口に膾炙しているが (Schultz, 1961 ; Becker, 1964)，ミュルダールの提案とスウェーデンでの政策的採用はそれよりもはるかに早いことが強調される。

しまう。

　藤田氏の議論の面白いところは，市場は補助線としてすら登場しないことである。市場の失敗が社会問題の根幹にあるというよりは，社会的に合意できないことが社会問題の淵源なのであり，社会的合意こそが社会問題を解決することができる[15]。藤田氏はミュルダールの時代にはなかった環境問題への対処と，ジェンダー問題とが現代国家における重要な論点であると強調する。福祉を通じた人的資本の蓄積，社会変革を通じた環境改善，これらはあくまでも社会全体のウェルビーイングが発展する過程のなかで得られる1つの現象にすぎない。

　発展のためには，スウェーデンのような複層的な合意システムが必要であり，その条件があってこそ社会のなかにいる社会科学者の知見が生きるという議論の構造になっている。スウェーデンの福祉国家形成過程は，福祉と経済とを架橋する人的資本の蓄積がウェルビーイングの向上に必要であることに加え，発展を実現するための社会的合意には条件があるという厳しい現実を突きつけているのである。

〈参考文献〉

井手英策・倉地真太郎・佐藤滋・古市将人・村松怜・茂住政一郎（2022）『財政社会学とは何か――危機の学から分析の学へ』有斐閣.

Arrow, K. J. (1951) *Social Choice and Individual Values*, John Wiley & Sons.

Becker, G. S. (1964) *Human Capital: A Theoretical and Empirical Analysis with Special Reference to Education*, National Bureau of Economic Research.

Hicks, J. R. (1939) "The Foundations of Welfare Economics," *Economic Journal,* 49 (196), pp.696-712.

Pigou, A. C. (1920) *The Economics of Welfare*, Macmillan.

Schultz, T. W. (1961) "Investment in Human Capital," *American Economic Review,* 51 (1), pp.1-17.

Sen, A. (1995) *Inequality Reexamined*, Harvard University Press.

15）　社会的合意過程に着目した議論としては財政社会学を参照するべきだろう（井手ほか，2022）。

6 まとめ ── フロア討論より（諸富徹）

　以上，各パネリストの報告の背景を解説してきたが，シンポジウム当日はこれを受けてパネリスト間での討論の後，会員からの質問を受け付け，フロア討論に移った。会場からはウェルビーイングと財政の関係に関して，まさにその本質的な論点が提起された。そのやりとりの詳細は本書48〜56頁に譲るが，この質疑応答はウェルビーイングと財政の関係を考えるうえでの好材料を提供してくれる点で，貴重である。よって本節では，この点に関してコメントを行いつつ本稿のとりまとめとさせていただくことにしたい。
　第1に，岩本会員と赤井会員が提起されたのは，ウェルビーイングの構成要素である持続可能性を語るのであれば，それが「財政の持続可能性」とどのような関係にあるのかについても論じるべきではないか，という問題である。
　たしかに「持続可能性」をめぐる議論は自然資本を考え，そのストック水準の通時的な維持を要請する点で必然的に，時間軸をともなう長期視点の議論となる。この点で，財政の持続可能性とは親和性が高いはずである。しかしシンポジウムでもコメントしたとおり，少なくとも筆者の知る限り，「環境の持続可能性」をめぐる議論が「財政の持続可能性」に触れることはほとんどない。ウェルビーイングが財政の持続可能性を前提条件とするのか否かという点についても，ほとんど議論がない。ウェルビーイングと環境の持続可能性の関係が熱心に議論されていることを踏まえると，これは不思議なことである。
　シンポジウム当日はフロア討論の時間が限られていたため，この論点をさらに掘り下げるための十分な議論ができなかった。だがシンポジウムの結果として，ウェルビーイングと財政の問題を考えるならば，①環境の持続可能性と財政の持続可能性はどういう関係にあるのか，そして，②財政の持続可能性はウェルビーイングにどのような影響を与えるのかという2点について，一定の回答を与える必要があるという共通認識をもてたことは成果だといえよう。
　第2に，寺井会員と横溝会員からは，一見異なるようで実は共通の論点を提示していただいた。それは，持続可能性をめぐる公益性／公共性と収益性が対立的な関係にあるという問題である。これは一般に，前者（公益性／公共性）

は後者（収益性）を多少犠牲にしても公益性や公共性の実現を第一義的に目指すべきだとの主張が一方でなされ，他方で前者をあまりにも強調しすぎると，社会の収益性や効率性を低下させる点でコストを生み出すという批判を思い出していただければわかりやすい。

　こうしたトレードオフ構造は，社会の各所で顔を出してくる。寺井会員が挙げた事例は年金積立金の運用問題である。積立金の運用を行う立場からすれば年金支給原資を最大化するために，もっとも収益性の高い投資対象に資金を振り向けることが最適な資金配分だということになる。だがそうした資金配分が，持続可能性の視点からみて最適な資金配分と一致している保証はない。これは実際に，ESG投資に関してつねに問題になっている論点である。

　他方，横溝会員が指摘するように，社会の成熟化につれてESG投資の下で対象とされる投資先に資金をより配分することで社会変革を進めることがいま，たしかに要請されている。現時点では，私たちは公共性／公益性と収益性のトレードオフ問題に直面している。しかし長期的には，社会構造の変化によってESG投資こそがもっとも収益性の高い投資になる条件が整ってくるかもしれない。

　財政活動もまったく同じ問題に直面する。収益性が低くても財政が活動すべき公共性／公益性の高い領域はいくらでも挙げることができる。しかし，こうしたトレードオフ構造が時間軸を通じて変化を遂げていく可能性もある。たとえば，社会保障など人的資本投資はかつて，インフラ投資などの「政府投資」に対して「政府消費」に分類され，社会の生産性向上にはつながらない資金の使い方だとみなされていた。

　だがいまや人を「資本」とみて，彼らに教育や職業訓練を施すために公的資金を用いれば，それは「投資」とみなされるようになった。実際，人的資本投資によってスキルを向上させた人びとが生産性を引き上げ，企業の収益の向上や賃金上昇に貢献し，それが政府税収を増加させるところまでいきつけば，「人的資本投資は政府にとってリターンをもたらす」という結論を引き出すことすら可能になる。

　寺井会員と横溝会員の問題提起は，財政学にとって次の課題を論じることが重要だとのメッセージとして受け取ることができる。つまり，持続可能性を実

現するために，収益性の犠牲をともなうとしても，公的資金投資が人類の存続にとって不可欠という意味で社会的な必要性の高い時代に入ったのだという論理を展開することが1つである。他方，いまは収益性が低くても公共性／公益性の高い分野に投資を行うことが長期的には，社会構造の変革を通じて社会的収益性を高めるので，価値ある公的投資だと判断できると論じること，これがもう1つの論理であろう。もちろん，これらの論理が正しいかどうかは研究によって確かめられるべきである。

いずれにせよ，持続可能性のための投資を実行することが，直面する公共性／公益性と収益性のトレードオフをどう克服しうるのかは，財政学の視点から探求すべき重要なテーマだといってよいだろう。

以上，「ウェルビーイングと財政」と題したシンポジウムの解説を行ってきた。もちろん本シンポジウムでこのテーマに関する諸論点をすべて論じ尽くすことはできないし，問題の解決を図ることは，なお難しい。にもかかわらず登壇者の問題提起，パネルディスカッション，そしてフロア討論を通じて，少なくとも私たちが何に取り組むべきかを明らかにできた点は，本シンポジウムの成果といってよいだろう。このシンポジウムは本稿で論じてきた諸課題に取り組む最初の第一歩であり，本シンポジウムの成果を土台に今後，この分野の研究が進展することを期待して結びとさせていただきたい。

第Ⅱ部

研 究 論 文

1 地方財政史ノート
——経済ショックと政策対応をめぐって

持 田 信 樹◆

〈要旨〉
　本稿は戦後との断絶を利用して，Buettner and Wildasin（2006）やBessho and Ogawa（2015）で用いられているベクトル誤差修正モデル（VECM）を適用し，戦前の地方財政が経済ショックに対して，どのような政策対応をとり，いかに通時的な予算制約を満たそうとしていたのかを考察した。それによって古くから認識されていた日本の財政学における論争を再解釈しようとした。戦前の地方財政では歳出が何らかの理由で増えたときに，自主財源を増やしたり，補助金が交付されたりすることはなく，自主財源の範囲内で歳出の調節を行っていた。戦前の地方財政では自主財源が歳出を決めるという意味での「量入制出」的で素朴な地方自治の財政的条件がいきていたと考えられる。

1　はじめに

1.1　先行研究
　近代的地方自治制度の枠組みの中で，戦前の地方公共団体は住民に教育・土木など行政サービスを提供しつつ，兵事・徴税などの末端行政機関として日本の近代化を底辺で支えた。戦前日本の地方財政は経済ショックに対して，どのような政策対応をとり，いかに通時的な予算制約を満たそうとしていたのだろうか。本稿ではこの問いかけに対する答えを探してみたい。

◆　東京大学名誉教授

戦前の地方自治・地方財政をめぐり多くの論者がとりあげてきたが，見解の隔たりがあるまま，地方財政史自体についての関心は相対的に低下した。わが国における社会科学的な地方財政史研究の出発点をなす藤田（1941）は，1888（明治21）年市制町村制，1890（明治23）年府県制を画期に近代的制度として確立する地方自治が，近代的市民的自治の成熟を基盤に成立したものではなく，議会勢力の地方への浸透をあらかじめ阻止して官僚の地方支配を整備するために成立したことを明らかにした。かかる「官製的，輸入的性格」が付与された「官治的地方自治」を支えたのが地方財政である。藤田（1941）によれば，その「変遷を貫く」日本的特徴は，委任事務を通じた国政の地方への肩代わり，付加税第一主義と独立財源の枯渇，そして国庫負担金増大による中央政府の地方支配の3点セットである。かかる藤田（1941）の地方財政史研究の意義は，戦後の憲法体制・地方自治を擁護し，中央集権化に対抗する運動や研究の羅針盤になったことだと思われる。

　藤田（1941）は戦前を「官治的地方自治」，シャウプ勧告を画期とする戦後改革を「民主的地方自治」と対比する大胆な構図を描いたが，「民主的地方自治」の崩壊過程がきわまった段階で，次の有力な反論に遭遇した。佐藤（1968）は「基礎的地方公共団体としての市町村の財政的自律主義は，戦前の方が戦後よりも大であった」という評価を打ち出した。佐藤進はW. Albersの手法によりながら，大正末から昭和にかけてのデータを示しつつ，国と地方の業務分担の明確性，付加税率制限内での税率決定権の自由，補助金・交付税等による国の関与の未熟という3点を指摘した。佐藤（1968）は，結果として藤田（1941）および藤田（1976）が「変遷を貫く特徴」として挙げた3点セットに疑問を投げかけた。佐藤（1968）は，戦前の地方行政は権力的であったが地方財政の中央集権化は「未熟」であり，地方自治の財政的条件が「素朴」な形でいきていたという歴史像を世に問うた。

　だが，佐藤（1968）の問題提起に対して日本地方行財政史の専門家である大

---

1) 藤田武夫は，わが国における近代的地方自治制度のもつ「官製的，輸入的性格」を表すメタファーとして，「人工手術による虚弱な早産児」（藤田，1976，3頁）という表現を用いている。
2) 藤田が戦前の地方財政史を貫く日本的特徴の3点セットに言及している箇所として藤田（1941）の他に，藤田（1976）41～44頁を挙げておく。

石嘉一郎から問題点が指摘された。大石 (1973) は 1920 年代の「財政上の地方自治の強化」という現象の内実は，経費膨張傾向の中で国家からの補助や財政調整がほとんど進まないままに，わずかな独立財源の上に，借金財政を余儀なくされた不安定な地方財政の姿である，と指摘した（大石，1973，402 頁）。大石の批判に対する佐藤の詳細な反駁は後に佐藤 (1974) の補注に掲載された。その結論は「戦前の財政の中央集権化が未熟であり，また素朴なものであったという本論（佐藤〔1968〕を示す。筆者注）の主張をくつがえすものではない」というものであり（佐藤，1974，17〜18 頁），両氏の意見は平行線をたどった。

さらに，近代的地方自治制度の「官製的，輸入的性格」を強調する地方行財政学者の見方に対する異議申し立てとして宮本憲一の業績に触れる必要がある[3]。宮本 (1968) は日本資本主義が独占段階に入り地主制が動揺する中での人民のエネルギーの高まり，普通選挙制の導入や郡役所の廃止，地租・営業税の地方委譲案の登場に光を当てた分析を行っている[4]。宮本の業績の意義は知事公選をはじめとする戦後改革が定着した主体的条件を，大正デモクラシーの自治要求にまで遡ったことにあると思われる。同氏の指摘は必ずしも藤田説の 3 点セットに一対一で対応したものではない。しかし，大正末期に頂点に達した大正デモクラシーの自治要求の流れが昭和恐慌を境とした国の統制強化とともに地下に潜ったものの，その伏流が戦後改革を舞台に姿を現し，奔流となったという歴史の捉え方は示唆に富む。

1.2 本稿のアプローチ

ところで，近年では以下で述べるように標準的な分析手法が確立したことと，当時のデータの再検討とによって，この「古い問題」に新たな光を当て，別の評価を下すことができるようになった。ある財政変数に対して外的なショックが生じて財政バランスが崩れたときに，それを回復すべく，また通時的な予算制約を満たすために行う政策対応は「財政調整」(fiscal adjustment) と呼

[3) 「官製的，輸入的性格」という見方に対する宮本による異議申し立てが明瞭に示されているのは，宮本 (2005) 71〜72 頁である。
[4) 宮本は，知事公選運動や両税委譲が挫折した要因として「都市と農村の対立」や国による統制を指摘している。宮本 (2005) 69〜70 頁。

ばれる。この分野のパイオニアとなったのは，Buettner and Wildasin（2006）である。T. Buettner と D. E. Wildasin は，ベクトル誤差修正モデル（vector error correction model：VECM）を用いて，アメリカでは地方自治体は自主財源と補助金にショックが生じた場合，支出を変化させることによって，財政バランスを回復していることを明らかにした。日本の研究者による貢献も見逃せない。Bessho and Ogawa（2015）は，日本の自治体では予算制約のバランスを崩すようなショックが生じた場合に，投資的支出を変化させることで財政バランスを果たそうとしてきた事実を発見した。その後も，VECMを用いた研究は Jaimes（2020）などで引き継がれ，他の国にも適用されている。結果は，Martin-Rodrigues and Ogawa（2017）などで，クロスセクションの形で比較されている。

　本稿では，ベクトル誤差修正モデルを用いて，戦前日本の地方財政が経済ショックに対して，どのような政策対応をとり，いかに通時的な予算制約を満たそうとしていたのかを考察する。本稿の貢献は次の2点にある。第1に，VECMを用いた財政調整の研究は他の国にも適用されているが，戦前のデータについて適用した研究はなく，同じ国の中で戦前戦後という断絶を利用して，時系列データで比較するアイデアには新規性がある。第2に，単に戦前のデータを使ってやってみたということではなくて，古くから認識されてきた日本財政学における藤田説と佐藤説の2つの見解に関する議論について現代的な手法で再解釈を試みていることである。

　先行研究の多くは，パネルデータを用いて「財政調整」を分析している。これに対して，本稿では時系列データを用いている。パネルデータは時系列データの性質ももっており，個別の経済主体がある時点の経済変動や政策に応じてどのような反応をみせるかがわかる。また時間を通じて一定の経済主体間の違いを固定効果として抽出することが可能になる。よって本稿で明らかにできるのは経済ショックに対する個別の地方公共団体の反応ではなく，総体としての地方財政の反応に限定される。

　しかし，時系列データを用いる本稿にも一定の学術上の意義がある。戦前の地方行財政は，藤田（1941）が明らかにしたように，地方自治が自生的に成熟した結果としてではなく明治政府が制度として設定したものである。そのため

地方公共団体を普遍的に律する府県制・市制町村制といった法体系と，教育・土木・兵事など個別行政領域における制度とが個別の府県・市町村に一律に展開された。地方行財政の体系は全国レベルで統一されているので，すべての地方公共団体の行動に一律で普遍的な影響を与えた。そして日清・日露戦後経営，第一次世界大戦期のブームとその反動，昭和恐慌といった出来事をきっかけにして，時間とともに法体系が改正された。地方自治・地方財政を普遍的に律する法体系の存在とその変遷に鑑みるとき，総体としての地方財政の反応を探究することは，パネルデータを構築した本格的研究への踏み台として一定の価値がある。また時間を通じた反応の安定性を評価するために，ベースライン推計に加えて，サンプル期間を1885～1920年とした推定結果を報告した。

　本稿の結論を先取りすると次の通りである。戦前の地方財政では自主財源が歳出を決めるという意味での「量入制出」的で素朴な地方自治の財政的条件がいきていた。本稿は以下の通りに構成される。第2節では財政計数を手懸りにして，地方財政制度の変遷をたどり，戦前・戦後の断絶の存否を確認する。第3節では，「財政調整」の分析手法について説明し，データの出典と記述統計を報告する。そして第4節では推定結果を示し，ショックに対する政策反応と財政調整の手段について考察する。サンプル期間を変更して，時間を通じた反応の安定性を吟味した。第5節では，地方財政史の観点から，調整プロセスの因果関係について若干の考察を加えた。

2　財政移転なき地方経費膨張

　まず最初に基本的な財政計数を用いながら，戦後と比較したときの戦前の地方財政の特徴を確認しておきたい。地方財政の相対的な比重が大きいという特徴は，第二次世界大戦後突然に現れたのではなく，戦前においても地方財政は中央政府に対して，ほぼパラレルに増大した。たとえば，江見・塩野谷(1966)は，軍事費・準軍事費を除いた政府における平時の固有活動の領域において，地方財政の比重が長期的に増加してきたことを指摘している。

　もっとも地方経費の絶対額は，いくつかのエポックを経て，不連続に膨張してきた。中央政府の一般会計支出を100とする地方歳出の指数は，1890年に

51であったが1895年には68へと不連続に上昇し，さらに1905年に33と下がった指数は1910年には51へと再び上昇した。初期議会期に圧縮されていた地方財政は，日清・日露戦後を画期に膨張した。初期議会期には土木費・教育費・勧業費をめぐって府県知事ときびしく対立し，予算案を大幅に削減してきた府県会は，日清戦争後に戦後経営の分担課題を受け入れたのである。それは，有泉（1979）が指摘するように「道路河川の改修・府県立学校増設・各種勧業補助金などを求める局地的利益欲求が，膨張し多様化し抗し難い力となって，府県会議員たちを府県全体の負担増大を招いても局地利益を実現させようとする方向に動かした」からであった[5]。局地的利益欲求の内容は相当部分が日清・日露戦後経営が地方財政に分担させようとした「一般的農工殖産とその産業基盤の育成」（大石，1976）という課題内容と重なり合うものだったことは，藩閥政府と民党（明治中期の民権派反政府政党の総称）の提携が成立したことを意味している。

次の地方経費膨張の画期は第一次大戦であり，地方歳出の指数は1915年に54であったが1920年には71へと上昇した。1920年の戦後反動恐慌から始まり，以後昭和恐慌までほとんど連続的につづく不況の中でもその増勢は衰えていない。これは中央財政の側において，明治以降の一貫した強兵政策が，世界的な軍縮ムードを背景に鈍化したことと，地方財政の側では都市化の進展にともなう近代化投資や疲弊した農村の救済事業などの歳出要因が増加したという双方の事情が重なったためとみられる。日本についてみるかぎり，支出面で Peacock and Wiseman (1961) のいう「集中」過程は観察できない。中村（1985）が指摘したように，戦争中から戦争直後の3～4年間は中央の比重が上昇し，各種の事業は停止され，戦後すぐの数年間は軍備拡張が先行するが，しばらくすると地方の比重が高まるというパターンが繰り返されたのである。

もっとも，地方経費の膨張に地方税の伸張は追いつかず，両者の乖離は第一次大戦を境にして開いていった。行論の必要上，この間の経緯を簡単に説明しておく。欧米では州や地方のために留保された不動産課税を，「富国強兵」を掲げる国が確保してしまったため，地方団体の財政は当初から窮屈であった。

---

5) 有泉（1979）244～248頁。

図1 地方財政の歳入

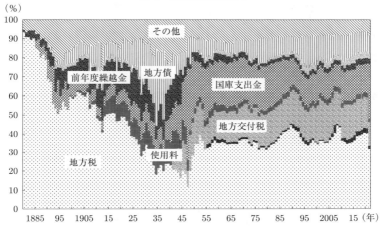

（出所）　戦前は内務省地方局『地方財政概要』および日本銀行統計局『明治以降本邦主要経済統計』，戦後は自治省『地方財政白書』各年度版による。

　地方税は1878年，地方「三新法」によって形を整えたが，それは国税への付加税である地租割，戸別割および営業税であった。これらは不動産課税であり，かつ付加税率への統制を通じて増税は制限されていた。
　第一次大戦は日本資本主義が飛躍する画期となった。だが，それは国税において所得税の地位が高まり，地租や酒税が主役の座をゆずりわたす租税構造の転換と表裏一体であった。その影響は地方財政へも投影され，大正後半から昭和初期にかけて不動産課税に依存した地方税では歳出の膨張に対応できなくなった。図1によれば歳入に占める地方税の比重は明治時代には6～8割に達していたのだが，第一次大戦以降はその地位が急速に低下していき，1940（昭和15）年には中央集中の極点に達した。
　しかし，戦前の日本では地方歳入に占める補助金の割合は図1によると，今日の常識に照らし，わずかであった。その理由の一端は，戦前の府県は，国の総合出先機関とされ，官選の知事が行政区画の長官と地方の執行機関を兼ねることによって中央と地方の行政を〈融合〉させていたことにあった。また軍事費の負担が一般会計の約半分以上を占めるという状況であったため，中央財政も負担が重く，地方へ補助金を回す余裕もなかったことも，歳入に占める補

助金の割合が低かった理由であろう。戦前において所得税は主役の座をめぐり酒税としのぎを削っていたが, 富裕層が納めるエリート・タックスにすぎず, 中・低所得層を含む大衆を課税ネットに取り込んだ現代の所得税とは異なる直接税であった。中央から地方への財政移転が存在感をもつようになるのは, 1940年の戦時税制改革と1950年のシャウプ勧告税制を待たねばならなかった。

要するに, 第一次大戦後の地方経費の膨張に地方税の伸張が追いつかず, 両者の乖離が拡大したが, 図1にみられるように定率補助金や一般交付金といった本格的な財政移転システムの確立は戦後にもちこされた。補助金・交付税への依存といった現代の地方財政にみられる特徴は, 1940年までの戦前の日本ではいまだ成熟していなかった。これが同じ国の中で戦前・戦後という断絶を利用して, ベクトル誤差修正モデルを適用する根拠である。

3 データとベクトル誤差修正モデル

3.1 財政変数のデータと推移

何らかの経済ショックが加わると予算制約が一時的に緩むが, 時間の経過にしたがって債務が発散しないよう財政変数が調節されて, 通時的に予算制約が満たされることがある。これは先験的に与えられた命題ではなく, 事後的なデータによっても裏づけることができる。本稿で用いるのは, 1885年から1940年にかけての地方財政全体の時系列データである。推定にあたって用いるデータについて説明しておく。歳出 G_t は歳出から公債費を除外した金額を用いている (以下, 歳出は公債費を除く)。自主財源 R_t は地方税, 手数料・使用料, 財産収入, 繰越金等, いわゆる自主財源の総額を表す。補助金 Z_t は国庫支出金や地方分与税を合計した金額を用いている。S_t は公債費であり, 具体的には借換を含めた地方債の元利償還費を表す (以下, 公債費は元利償還費を示す)。地方債 B_t は借換を含めた地方債収入を表す。それぞれの値は都道府県財政と市町村財政の合計を, 1935年を基準に実質化したものであり, すべて

1 地方財政史ノート 93

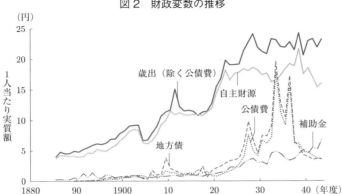

図2 財政変数の推移

(注) 地方債および公債費は借換分を含む。
(出所) 日本銀行統計局（1966）『明治以降本邦主要経済統計』47表，『日本帝国統計年鑑』，内務省地方局編『地方財政概要』。

1人当たり金額の時系列データである。データの出典は日本銀行統計局『明治以降本邦主要経済統計』(1966年)であるが，同資料は『日本帝国統計年鑑』および内務省地方局編『地方財政概要』を用いて道府県，市町村の計数を項目ごとに集計したものである。財政変数の時系列での動きは，図2にまとめられている。

図2を素朴にながめるとわかるように，最も顕著な特徴は歳出と自主財源が非常に密接に動いていることである。たとえば1885年から1922年までの間，両者はほぼ平行して動いている。1920年代後半以降，両者の間の乖離が広がるが，1930年代以降は再び縮小している。いまひとつ顕著な特徴は地方債収入と公債費が密接に動いていることである。両者には1920年代後半から1930年代前半にかけて大きなコブがみられるが，観察期間を通じてほぼ平行して動いている。これらのことから，元利償還費を除く歳出と自主財源が均衡していたことが読みとれる。補助金は観察期間では最後の数年間を除いて，一

6) 1985～40年の人口は総務省統計局「第七十回日本統計年鑑」(2021)に掲載された人口を，デフレーターは大川・高松・山本（1974）30表に掲載された「政府経常支出デフレーター」を用いた。戦前の日本の地方財政については府県・市・町村別に，集計値が内務省地方局編『地方財政概要』に掲載されているが，個別の地方団体についての財政データは年鑑・統計集などには載っていない。戦前のパネルデータの構築は，今後の課題である。

貫して低い水準で推移している。このことから，戦前の地方財政において事後的にみても通時的な予算制約がほぼ満たされていることが推察される。

3.2 ベクトル誤差修正モデル

地方財政の予算について，歳出については2つの構成要素（公債費を除く歳出 G_t，公債費 S_t）を，歳入については3つの構成要素（地方税収入に代表される自主財源 R_t，上位政府からの補助金 Z_t，地方債収入 B_t）に焦点を当てる。これら5つの財政変数をベクトルで表すと，次の通りになる。

$$Y_t = (G_t, R_t, Z_t, S_t, B_t)' \tag{1}$$

今期の財政収支 D_t は，ベクトルの内積として次のように表現される。

$$D_t \equiv b'Y_t, \quad ただし, \quad b = (1, -1, -1, 1, -1)' \tag{2}$$

(2) 式をスカラーで表すと，

$$D_t = G_t - R_t - Z_t + S_t - B_t \tag{3}$$

このとき，財政収支の原系列が定常（$I(0)$）で，かつ (3) 式の右辺の各変数がすべて階差定常（$I(1)$）であれば，5つの財政変数には，共和分ベクトルが $(1, -1, -1, 1, -1)$ の，共和分関係がある。このとき，先行研究（Buettner and Wildasin, 2006；Bessho and Ogawa, 2015）にもとづいて，次のようなベクトル誤差修正モデルを用いて実証することができる。[7]

$$\Delta Y_t = \gamma D_{t-1} + a + \mathbf{A_1}\Delta Y_{t-1} + \mathbf{A_2}\Delta Y_{t-2} + \ldots + \mathbf{A_p}\Delta Y_{t-p} + u_t \tag{4}$$

誤差修正項の係数 γ は (5×1) のベクトル，定数項 a は (5×1) のベクトル，そして $\mathbf{A_p}$ は (5×5) の行列である。この (4) 式では5つの財政変数の変化をもたらす源泉を，財政収支の1期前のラグおよび右辺にある説明変数，とりわけ過去 p 年にわたる ΔY_t の変化に求めて，その推定を行う。(4) 式の推定結果を用いて，予算の各項目に生じたショックに対して，どのような財政

---

[7] (4) 式におけるベクトル誤差修正モデルの定式化について，Buettner (2009) p.419 および Bessho and Ogawa (2015) p.1055 を参照。

調整がなされるかを解明する。すなわち，Buettner and Wildasin (2006) や Bessho and Ogawa (2015) にしたがって，それぞれの財政変数の，それ自身もしくは他の財政変数に生じたショックへのインパルス反応関数を推定して，さらにその割引現在価値を計算することで，財政調整を測定した。たとえば，歳出の変化の場合は，次のような (5) 式を推計する。

$$\Delta G_t = \gamma_g D_{t-1} + a_0 + \sum_{j=1}^{p} \alpha_1 \Delta G_{t-j} + \sum_{j=1}^{p} \alpha_2 \Delta R_{t-j} + \sum_{j=1}^{p} \alpha_3 \Delta Z_{t-j}$$
$$+ \sum_{j=1}^{p} \alpha_4 \Delta S_{t-j} + \sum_{j=1}^{p} \alpha_5 \Delta B_{t-j} + u_t \tag{5}$$

(5) 式の左辺の ΔG_t は t 年において公債費を除く歳出がどのくらい変化したかを表す。この式では歳出の変化をもたらす源泉を，右辺にある説明変数，とりわけ過去 p 年にわたる歳出 ΔG_{p-1}，自主財源 ΔR_{p-1}，補助金 ΔZ_{p-1}，公債費 ΔS_{p-1}，地方債 ΔB_{p-1} の変化に求めて，その推定を行う。ここで p はラグ期であり，ある財政変数に生じた変化の原因をそれ自身および他の変数に求める場合に何年まで遡ってその影響を捉えるのかを表す。(5) 式と同様に推定式を自主財源 ΔR_t，補助金 ΔZ_t，公債費 ΔS_t，地方債 ΔB_t についても構築して，合計5本の式を用いた回帰分析から係数 $\alpha_k (k = 1, \ldots, 5)$ を推定し，通時的な予算制約を満たすように，どの財政変数がどの程度の反応を示しているかを推定した。

3.3 単位根検定と共和分関係

ベクトル誤差修正モデルを用いて財政調整メカニズムを明らかにするには，さらに2つの準備作業が必要となる。第1に，一致性をもつ推定量を得るためには (3) 式の右辺の5つの財政変数の階差が定常性を満たさなければならない。実際のデータがそうであるかどうかについて，統計的な検証が必要である。表1は，標準的な単位根検定の方法である拡張ディッキー＝フラー (ADF) 検定の結果をまとめてある。定数項とトレンドを含めた場合とそうでない場合では，ディッキー＝フラー t 分布が異なるので，臨界値もそれに対応して違うものを用いている。これによって，5変数は原系列では非定常である

表 1　財政変数の定常性

	原系列			
	定数項，トレンドなし		定数項，トレンドあり	
	統計量	臨界値	統計量	臨界値
自主財源	0.926	−1.950	−2.741	−3.498
歳　出	1.477	−1.950	−2.287	−3.498
公債費	−1.187	−1.950	−2.843	−3.498
補助金	2.637	−1.950	0.159	−3.498
地方債	−1.365	−1.950	−3.120	−3.498
財政収支	−2.590**	−1.950	−2.461	−3.498

(注)　拡張ディッキー＝フラー検定の統計量。臨界値の有意水準は 5％。歳出は
(出所)　筆者作成。

が, 階差定常 ($I(1)$) であることが確認できる。

　第 2 に, (4) 式では, 右辺に誤差修正項として財政収支を加えているが, 財政収支を構成する 5 変数の間に実際に共和分関係があるかどうかを検証する必要がある。異時点間の予算制約が成立している場合には, 理論的には, 財政収支 D_t には確率トレンドは含まれないはずであるから, 共和分ベクトルは既知で, $(1, -1, -1, 1, -1)$ となる。[8] 単位根検定の結果を表 1 でみると, 財政収支を表す D_t が単位根をもつという帰無仮説は 5％ 水準で棄却されているので, 共和分関係が確認され, 誤差修正項は $I(0)$ である。[9]

4　推定結果

　経済ショックが生じたときに, 財政変数がその後, どのような反応をみせるかを定量化するには, 各変数の将来の値について割引現在価値化する必要がある。[10] 本稿では Bessho and Ogawa (2015) にならって割引率を 3％ に設定したうえで, ある変数に変化があったときに, それ以降の期間にその変数自身, お

---

8)　Buettner (2009) のベクトル誤差修正モデルでは, 共和分ベクトルが変数の定義によって「既知」という設定になっており, 財政収支 D は他の 5 つの財政変数の線形和で表現されている。
9)　共和分係数が未知の場合には, EG-ADF テストを行う必要がある。テストの結果は省略するが, 財政変数間には共和分関係が確認された。
10)　ショックに対する反応の割引現在価値の導出について, 補論を参照されたい。

(拡張ディッキー＝フラー検定)

階差系列			
定数項,トレンドなし		定数項,トレンドあり	
統計量	臨界値	統計量	臨界値
−3.680**	−1.950	−4.217**	−3.498
−3.422**	−1.950	−4.022**	−3.498
−3.383**	−1.950	−3.504**	−3.498
−2.560**	−1.950	−4.033**	−3.498
−3.931**	−1.950	−3.883**	−3.498
−2.270**	−1.950	−3.847**	−3.498

公債費を除く歳出。

よび他の変数がどのように反応したのかが表2のように得られている。なおほとんどの財政調整は最初の2年間で生じているので，割引率を変化させても結果に大きな影響を与えない。

4.1 ベースライン推定

表2パネルAの第1列をみてみよう。縦の列に並んでいる数値は，自主財源が何らかの理由で1円変化したときに，通時的に自主財源およびその他の財政変数がどの程度変化したのかが示されている。今期，何らかの理由で自主財源が1円減少したとする。たとえば，昭和恐慌のときに突然，課税標準が縮小したり，日露戦争にともない付加税率が一時的に制限されたときなどに地方税は減る。他の変数を一定とすれば，通時的な予算政策を満たすためには，今期の自主財源の低下をカバーすべく次期以降の自主財源は増加しなければならない。つまりある変数の変化は，マイナスの関係性をもって将来のその変数自身の反応をもたらす。ある変数に生じたショックをその変数だけで吸収する必要はなく，他の変数をあわせて，ショックを通時的に調整していくことになる。

表2パネルAの第1列からは以下のことがわかる。自主財源が1円減少したとき，地方公共団体は，時間を通じて0.36円だけ自主財源を増やすことで通時的な予算制約を満たすように反応している。他方で，補助金が0.23円，地方債収入が0.11円それぞれ減少するという反応をみせている。このような

表2 推定結果

パネル A

		変化元 自主財源	歳　出	地方債	補助金	公債費
反応先	自主財源	**−0.366** (0.151)	0.114 (0.122)	0.129 (0.104)	−0.114 (0.229)	**−0.245** (0.132)
	歳　出	**0.565** (0.174)	**−0.653** (0.145)	0.017 (0.125)	−0.453 (0.278)	**−0.412** (0.157)
	地方債	**0.111** (0.035)	**−0.123** (0.026)	**−0.972** (0.024)	**0.304** (0.053)	0.013 (0.026)
	補助金	**0.239** (0.032)	**−0.179** (0.028)	**−0.097** (0.022)	**−0.754** (0.053)	0.008 (0.028)
	公債費	**0.120** (0.057)	**−0.248** (0.048)	−0.014 (0.043)	**0.297** (0.093)	**−0.875** (0.049)

パネル B

		変化元 自主財源	歳　出	地方債	補助金	公債費
反応先	自主財源	−0.387 (0.324)	−0.618 (0.371)	**1.253** (0.571)	−0.593 (0.376)	**−1.038** (0.474)
	歳　出	0.196 (0.214)	**−1.089** (0.268)	**1.107** (0.429)	−0.413 (0.304)	**−0.823** (0.361)
	地方債	0.196 (0.131)	−0.240 (0.144)	**−0.701** (0.148)	−0.012 (0.106)	−0.285 (0.171)
	補助金	−0.107 (0.080)	0.144 (0.076)	0.134 (0.115)	**−0.824** (0.087)	0.152 (0.128)
	公債費	**0.097** (0.031)	**−0.121** (0.038)	−0.080 (0.044)	0.035 (0.043)	**−0.764** (0.029)

（注）パネル A のサンプル期間は 1885〜1940 年度。パネル B のサンプル期間は 1885〜1920 年度。符号がマイナスである場合、変化元と逆方向の反応を示す。カッコ内は標準誤差。太字は 5% 水準で有意。「歳出」は公債費を除く。
（出所）筆者作成。

　反応は予算制約を満たすことを難しくする方向に働くが、それをカバーしているのが歳出（公債費を除く）と公債費である。すなわち自主財源が1円減少すると、歳出が 0.56 円、公債費が 0.12 円だけ減少するという形になっている。自主財源の範囲で、歳出や元利償還費を賄うという地方団体の慎重な財政運営が読みとれる。

　同様の見方で、それ以外の変数へのショックに対する政策反応をみていく。

表2パネルAの第2列は何らかの理由で歳出が増加したときの反応が示されている。日清・日露「戦後経営」を民生面で地方が補完して，教育費，土木費および勧業費が増える状況がこれに該当する。これをみるとある年に歳出が1円増加した場合，歳出と公債費の合計が通時的に0.9円だけ減少することで予算制約を満たすように対応していることがわかる。また地方債は0.12円，補助金は0.17円だけそれぞれ減少するという反応をみせている。このような反応は予算制約を通時的に満たすことを難しくする方向に働くが，自主財源はそれをカバーするような反応をみせていない。歳出の変化は自主財源に対しては影響を与えておらず，1円の歳出の支出変化に対する自主財源の変化はわずかに0.11円と低く，有意ではない。つまり，歳出が増えても自主財源，地方債，補助金は反応しないで，歳出それ自身の減少によって通時的な予算制約を満たそうとしている。

表2パネルAの第3列をみてみよう。ここには地方債収入が変化したときの反応が示されている。たとえば，未曾有のブームとその後の不況で金融が緩慢になると，債券市場が活況を呈して，発行条件が好転する。表2によれば地方債の発行が増える場合，通時的な予算制約を満たすために最も大きく反応しているのは地方債それ自身である。地方債収入が1円だけ増えたときに地方財政は，時間を通じて0.97円だけ地方債収入を減らし，予算制約を満たそうとしている。他方，補助金が0.09円だけ減る。それは予算制約を満たすことを難しくするが，公債費と自主財源はそれをカバーするような反応をみせていない。地方債が1円増えると通時的に自主財源はわずかに0.12円だけ増えて，公債費も0.01円だけ減るにすぎず，有意ではない。

表2パネルAの第4列には，補助金が変化した場合の反応が示されている。市町村義務教育費国庫負担の拡大や昭和恐慌時の農村救済のための土木事業費補助金などがその例となる。これによれば補助金が1円増加したとき0.75円だけ補助金が減少することで予算制約を満たそうとしていることがわかる。通時的な予算制約の中でみればこれは補助金が差し引きで0.25円だけ増えたことを意味する。この補助金の増加分は公債費の変化分にほぼ見合っているが，歳出は増えない。すなわち補助金が通時的に0.25円だけ増えると，公債費が0.29円だけ増えるが，歳出は0.45円だけ減るという反応をみせている。戦前

において補助金は，第5節で触れるように，市町村に義務教育を普及させる国の統制手段として拡大したのであるが，事実上，減税補給金として流用されていた。特定補助金が増えても，歳出との紐づけがゆるやかであったため，あたかも一般交付金のような運用がなされていたことをデータは物語る。政策の意図せざる形で特定補助金がショックに対するバッファーとして機能したといってもよい。

最後に，公債費が変化した場合の財政調整をみてみよう。1897年に採用された金本位制の下で輸入超過が拡大して金融がひっ迫したり，関東大震災のような突発的事象のため発行条件が悪化したりするケースが該当する。表2パネルAの第5列をみると何らかの理由で公債費が増加した場合に，次期以降，公債費が0.87円低下する形で財政バランスが保たれるように調整されている。それ以外の変数で最も大きな反応をみせているのが歳出である。公債費1円の増加に対して，歳出が0.41円減少することで通時的な予算制約を満たそうとする動きをみせる。地方団体財政は，地方税の増税によってではなく，低金利を活用した借換や経費削減によって地方債の償還財源を捻出し，公債費を最小化していたのであろう。

これらの結果は，戦前の日本の地方財政では自己の区域から徴収される自主財源の範囲内で通時的に予算制約を満たす財政自律主義というべきものがいきていたことを示唆する。財政変数の挙動は藤田（1941）がいう「官治的地方自治」を支える地方財政の3点セット，すなわち委任事務を通じた国政の地方への肩代わり⇒付加税第一主義と独立財源の枯渇⇒国庫負担金の増大と地方支配，という枠組みではうまく説明できない。むしろ本稿の推定結果は，戦前の地方行政は権力的であったが，地方自治の財政的条件が「素朴」な形でいきていたという佐藤（1968）の指摘とより整合的である。この点について第5節で再び論じる。

4.2 時間を通じた反応の安定性

上記では財政変数の，それ自身もしくは他の財政変数に生じたショックへのインパルス反応関数を推定した。しかしインパルス反応関数は期間を通じて変化する可能性がある。変化の理由として考えられるのはマクロ経済における

大きな変化である。ここでは1930年代初頭の昭和恐慌と並ぶ画期となった第一次大戦後を変化の時期とし，それ以前のインパルス反応関数を推定して，時間を通じた反応の安定性を検討した。第一次大戦の経済的帰結としての大戦による好況と，財政収入の増加，国際収支の好転を所与として，中央政府のみならず府県，市町村レベルでも財政支出を拡大するいわゆる積極政策が展開された。他方では大戦ブームの去った後，財政収入の増加が期待しえない状況が生まれた。表2パネルBは1885〜1920年度の時系列データを用いてベクトル誤差修正モデルを推定した結果を示す。この数字から読みとれる事実は次のように要約されるであろう。

　第1にインパルス反応関数に大きな変化がみられない財政変数として，歳出（公債費を除く）と，補助金と，公債費の3つが確認された。これらの財政変数に何らかのショックが加わるとマイナスの関係性をもって将来のそれ自身が調整するという形で予算制約を満たしている。第2に何らかのショックが自主財源に加わっても他の財政変数はまったく反応しないか，反応してもわずかである。第一次大戦前は戸数割や地租付加税の負担が許容できる水準であり，自主財源が歳出を決めるという意味での「量入制出」的な関係が明瞭になるのは，地方税収入の増加が期待しえなくなる第一次大戦以降であったことを示唆する。

　第3に何らかのショックが地方債に加わると歳出も増えるが，通時的な予算制約を満たすように自主財源がそれ以上に増大している。これは明治末期に町村は小学校の校舎建築のために必要となる「繋ぎ融資」として発行された償還期限の短い地方債や借入金を起こし，地租付加税や戸数割の増徴で元利償還していたという指摘と整合している[11]。これらの推定結果は，自主財源が歳出を制約する「量入制出」的な財政運営は，1920年代以降，より明確になったことを示唆している。

---

11)　日清・日露戦後経営における市町村レベルでの積極財政の運用を支えるものとして，地方債・借入金導入が大きな意義をもったが，償還財源については長野県埴科郡五加村をケーススタディとした大石・西田編（1991）137〜138頁を参照。

5 考　察

　VECM は財政調整のプロセスを同定する手法であるものの，ショックの源泉や調整プロセスの因果関係について直接に解答を与えるわけではない．本節では，地方財政史の観点から，調整プロセスの因果関係について若干の考察を加える．

5.1　戸数割の増高

　地方自治の財政的条件を評価するには，町村税のうち最大の割合を占めていた戸数割を一瞥しておく必要がある．戸数割が地方税として認められたのは，1878 年の明治 11 年太政官布告第 19 号「地方税規則」からである．しかし名称のみが存在するだけで，納税義務者，課税標準および賦課方法については1921 年まで何ら法令上の規定はなかった．最も多数であったのは，府県が直接住民に課税せずに，一定額を市町村へ配賦したのち，各戸に対する賦課は市町村会が独自に議決する方法である．戸数割の賦課は事実上，市町村会の「達観」により見立割によることにしたものが最も多かった．田中 (1930) は，課税標準の組み合わせが 442 種類に上っていたと述べている．町村は増税が制限されている地租割にかわって，全村に負担を分散できる戸数割の増税を行い，予算収支の帳尻を合わせた．ここでは，戸数割は課税要件法定主義の例外となる独立税であり，「イギリスのレートみたいに要るだけ割かえして取るのだという思想で調節弁」(三好重夫)[12] になったことに注目したい．たしかに戦前の地方財政の変遷を貫く特徴の 1 つが「付加税第一主義」であることは否定できない．しかし，「独立財源の枯渇」という評価には疑問符がつく．

　もっとも等級選挙制の廃止をきっかけにして課税要件法定の議論が起こった．1921 年に勅令で「府県税戸数割規則」が公布され，戸数割の課税標準である「資力」は「所得」および「住家坪数」でまず算定し，必要があれば「資

---

[12] 内務官僚であった三好の内政史研究会での談話速記録は，三好述・伊藤監修 (2001) に再録されている．イギリスの地方財政においては，必要支出額と国庫支出金との差額は，レイトの税率の操作によって自治体ごとに独自に決定されていた．

産の状況」(＝見立割)を2割まで斟酌することになった。しかし課税標準に占める見立の割合は町村会の要望で4割に増やされ、さらに1926年の地方税整理において、政府は戸数割の「資力」算定基準から「住家坪数」を除くと同時に「資産状況」をつねに資力算定基準に用いることへ法の建前を改正した。所得が外部からは明瞭に計算しえなかった戦前において、市町村会が「達観」によって戸数割の負担額を定める方が、簡素でかつ公正な負担になることがあったようである。

　それにしても戸数割は、たとえば長野県の養蚕業が活発な村で納税人員の7.3%にすぎない上層地主が戸数割負担額の42%を占めるというように[13]、上層地主に著しい高負担をもたらし、全国でも戸数割負担回避のために寄生地主が都市へ転出する動きが続発した[14]。その結果、地方税負担の増高に制約されて、戦前の地方財政は「量入制出」的な保守的な財政運営を強いられたのである。

5.2　市町村義務教育費国庫負担金

　戸数割の負担増高は歳出を制約する要因であっただけではなく、以下に述べるように特定補助金の運用にまで影響を及ぼした。第4節で明らかにされたように、特定補助金は通時的な予算制約を難しくするショック（歳出の増大や自主財源の減少）に反応しないばかりか、歳出を増やす代替効果も欠如している。やや意外な推定結果を解釈するためには、町村の税外収入中において首位を占める義務教育費国庫負担金を一瞥しておく必要がある。市町村における小学校に関する経費は学齢児童の増加にともない、市町村費の4分の1を占めるに至ったが、1918（大正7）年4月、「小学校教員の増俸」と「市町村の負担軽減」を目的とする市町村義務教育費国庫負担法が公布された。当初毎年1000万円を市町村に交付することとなったが、ワシントン会議による軍縮で

---

13)　所得階層別の戸数割負担については金澤（1984）および大石・西田編（1991）2章2節を参照。

14)　1920年代の等級選挙制度廃止によって、自作・自小作層の議員が選出されるようになると、大地主層への戸数割賦課を強める動きをし、他方、大地主は恐慌により小作料が減少しており、かつ大都市では戸数割は僅少であった。このため戸数割負担回避のために寄生地主が都市へ転出する動きが続発した。この点、内閣調査局編（1936）の調査を参照。

生じた余裕を財源に 1923 年度より 4000 万円に増額された。さらに 1926 年の国税および地方税を通じる税制改正（大正 15 年改正）の一環として翌年度から 7000 万円になった。この国庫負担金の 9 割は教員数と就学児童数により比例配分され，残りの 1 割は「資力薄弱」な市町村に手厚く交付された。[15]

交付された国庫負担金を市町村がどのような使途に充てたかについて，明確な資料は失われている。だが内務省地方局長，大蔵省主税局長および文部省学務局長の依命通牒によれば[16]，1918 年には教育の改善方法として教員の増俸を最優先にして地方に勧奨した。ところが 1923 年度に増額された際には教員の増俸は 1920 年度において一段落ついた形であったため，使途に関する 1918 年の政府の方針と比べると，教員の増俸よりもそれ以外の人的・物的施設（校舎建築や二部教育廃止）を第 1 位に推して，しかも戸数割等の地方負担の軽減を前のとき以上に強調していた。さらに 1926 年度に 7000 万円への増額が決定されたときには依命通牒では国庫負担金で国民教育の改善に資するという趣旨はまったく失われ，それは戸数割または家屋税付加税負担の軽減にもっぱら充てられた。

負担金が実際には戸数割の軽減に使われたことについて，断片的資料は遺されている。内務省地方局の田中廣太郎によれば，1918 年度において負担金 1000 万円のうち，806 万円 (80.6%) が教員増俸に充当された。しかし 1923 年度の増額分 3000 万円のうち，1606 万円 (53%) は戸数割付加税負担の軽減等に使用されている（田中，1930，133 頁）。さらに大正 15 年改正による増額分 3000 万円のうち，2630 万円は戸数割または家屋税の減税に使用された（田中，1930，135 頁）。要するに市町村義務教育費国庫負担金は名目的には特定補助金であったが実際には町村の戸数割負担等の軽減に流用されていた。このように，国庫負担金の量的な地位（前掲図 1）ならびにその使途・機能という面からいうと，「国庫負担金増大による中央政府の地方支配」は戦前には未熟であったと考えるのが妥当である。戦前は国の総合出先機関としての府県の長官

---

15) 市町村義務教育費国庫負担金が，特定補助金と財政調整交付金との 2 つの性格をあわせもっていた点について，鵜川 (1985; 1986) を参照。
16) 内務省地方局長，大蔵省主税局長および文部省学務局長の依命通牒は田中 (1930) 130～136 頁を参照。

を官選とすることによって中央政府は地方を支配していたのであり，中央省庁が特定補助金を通じて技術的に地方を統制する中央・地方関係は未成熟だったと考えられる。

5.3 地方債の発行条件好転

予算制約を難しくするショックに反応していないのは，特定補助金だけではなかった。第4節で明らかになったように地方債も反応していない。もっとも地方債と補助金には違いもある。地方債に何らかのショックが加わると，地方財政は通時的な予算制約を満たすために，他の財政変数で吸収するのではなく，それ自身（＝地方債）がマイナスの関係性をもって通時的に調整していく。これは公債費を除く歳出が自主財源とパラレルに動いていたという第2節での観察と整合的である。では地方債の増大は何によってもたらされたのか。

第1に，地方債の歴史の中できわめて重要な意味をもつ，第一次大戦から昭和恐慌にいたる時期に着目しなければならない[17]。第一次大戦後の地方債急増は，大戦をきっかけとする都市化の進展にともなうものであった。それは関東大震災という突発事故を契機にして，東京・横浜において近代都市の建設（都市計画）に始まり，以後，大阪・京都・名古屋・神戸・福岡・札幌などそれぞれが近代都市に脱皮するために，1920年代後半に土木・電気軌道事業・勧業費を拡大したからだった。

第2に，地方債発行を促した金融的条件と，それに対する起債市場の整備や起債条件の好転に着目する必要がある。第一次大戦後の「慢性不況」の過程で多数の不健全な銀行，地方中小銀行が没落し，大銀行と郵便貯金への預金集中が一挙に進む一方で，遊休資本をかかえた大銀行と郵便貯金が主たる原資であった大蔵省預金部が地方債市場へ活発に進出した。地方債の発行条件は好転し，利率の低下と償還期限の長期化，さらに発行規模の拡大が顕著となった。事実，1927年に金融恐慌が発生し，金融が緩和した時期，あるいはまた1931年12月に齋藤實内閣の蔵相・高橋是清が国債の日銀直接引き受けと金利低下

---

17) 日露戦後に市債発行が急増するのは大都市が競ってこの種の計画をいだき，政府も外貨補充のためもあって外債発行を勧奨したからでもある。この点について持田（1993）108〜112頁を参照。

を誘導した時期に発行利回りが大きく低下したのはそのためである。それは「日本の公社債市場が，その歴史においてもっとも自由かつ活発に機能し，本来の市場として確立した時期」といわれる[18]。これを地方団体は利用して，大戦後発行された高利債の低利借換あるいは借入金の長期債への借換などを進めた。それでも償還財源が足りない場合は，歳出を節約して償還をすすめた。たとえば，1927（昭和2）年からは預金部が府県と6大都市には直接に，町村へは勧業銀行を経由した代理貸によって，高利債借換のための長期低利資金を供給した。これによって大都市は，交渉力を強めていたシンジケート団が引き受けていた高利債を借り換えて，利率は5分ないし6分へと平準化した。金融市場の緩慢をにらんだ活発な起債・償還政策の背後には，政府からは償還できなければ北海道留萌町の破産がみられたように確実な償還財源を求められる一方，市場からは起債に際して高い金利が要求された事情があると思われる[19]。この点については，より詳細な実証研究は今後の課題である。

要するに「地方歳出の増加傾向の中にあって地方財源が不足し，このギャップを埋めるために地方債が著しく増加」するという因果関係は[20]，ベクトル誤差修正モデルの推定結果では確認できない。第一次大戦以降の地方債の増大は事実であるが，それは他の財政変数に反応したというよりは，都市化の進展にともなうインフラ需要と金融恐慌や高橋財政下での発行条件の好転を反映したものと考えるのが妥当である。

6 むすび

本稿では戦前戦後の断絶を利用して，Buettner and Wildasin（2006）やBessho and Ogawa（2015）で用いられているベクトル誤差修正モデルを用いて，戦前日本の地方財政が経済ショックに対して，どのような政策対応をとり，いかに通時的な予算制約を満たそうとしていたのかを考察した。本稿が見出した事実は，次のように要約される。

---

18) 公社債市場史における1920年代の意義について志村編（1980）40頁を参照。
19) 金融市場の緩慢に対する戦前の大都市の起債政策について，松元（2011）209～210頁を参照。
20) 大正末・昭和初期の地方財政についての大石の分析について大石（1973）412頁を参照。

第1に，戦前の地方財政では自主財源が歳出を決めるという意味での「量入制出」的な素朴な地方自治の財政的条件がいきていた。これは歳入に占める財政移転の割合が戦後に比べてはるかに低かった戦前の地方財政と整合的な結果である。「素朴な」地方自治が可能だった条件は，地方行財政を普遍的に律する法体系が存在していたにもかかわらず，戸数割が長い間，課税要件法定主義の対象外だったことにある。市町村議会は「達観」的に「見立」で賦課する独立税としての戸数割を増徴して収支の帳尻を合わせていた。だがそうした創意工夫が結果として明治地方自治制をその底辺において支える上層地主の高負担を招き，歳出の制約要因となった。地方財政の変遷を貫く特徴の1つが「付加税第一主義」であることに異論をはさむ余地はない。しかし収支の調節弁としての戸数割の役割を視野に入れた場合，「独立財源の枯渇」という評価には疑問符がつく。

　第2に，市町村義務教育費国庫負担金は「国民教育ノ改善」を図る統制手段として導入されたが，その大半は事実上，戸数割の減税補給金として流用されていた可能性が高い。国庫負担金の量的な地位ならびにその使途・機能という面からいうと，「国庫負担金増大による中央政府の地方支配」は戦前には未熟であったと考える方が自然である。第3に，第一次大戦以降に歳入に占める地方債の割合が急増したが，それが他の財政変数に反応したものであるという証拠はない。第一次大戦以降の地方債の増大は，むしろ都市化の進展にともなうインフラ需要と金融恐慌や高橋財政下での発行条件の好転を反映したものと推察される。「地方歳出の増加傾向の中にあって地方財財源が不足し，このギャップを埋めるために地方債が著しく増加」するというストレートな因果関係はみられない。

　これらの事実を総合して日本財政学における藤田説と佐藤説の2つの見解をめぐる論争の再解釈を試みると，次のように要約される。地方自治を普遍的に律する国家の法体系に着目した藤田説は，それ自体は論理整合的であり，時系列データを用いて「総体としての地方財政」の反応を探究する本稿にとっても所与の出発点である。しかし，「官治的自治」を支える地方財政の3点セット（国政事務の肩代わり，独自財源の枯渇，補助金拡大と地方支配）が戦前を通じて貫かれたという藤田説では，財政変数の動態的な動きをうまく説明できない。

むしろ本稿の検討結果は，戦前の地方行政は権力的であったが地方財政の中央集権化は「未熟」であり，地方自治の財政的条件が「素朴な」形でいきていたという佐藤説と親和性が高い。もっとも「素朴な」地方自治の表れとして，佐藤説は付加税の税率決定権や制限外課税に，本稿は戸数割の「見立」での賦課に言及するという違いもある。また佐藤説は知事が官吏である府県を除外して，基礎的自治団体である市町村の財政的自律主義に着目した。本稿では府県制が自治体として予算審議権をもつ府県会をおき，ある程度の分権が図られていたという理解に立っている。[21]

本稿では十分に明らかにしえなかった課題を整理しておく。経済ショックの源泉を統計的に把握することには課題が残る。何らかの因果関係を同定する別の分析手法が必要になってくる。たとえば，Berset, Huber and Schelker (2023) はそのような試みの1つであるが，この点については他日を期したい。また明治以来の地方財政システムがそのままの形で現在まで継続しているということはありえず，歴史のどこかの時点で古い体制は現代的な中央 – 地方関係へと変容していなければならない。[22] これについての検討も今後の課題としたい。

補論 ── インパルス反応の割引現在価値の導出[23]

ショックに対する反応の割引現在価値を計算するには，(4) 式が次のような，一次のベクトル自己回帰（VAR）で表現できることに注意する必要がある。

$$X_t = \mathbf{B} X_{t-1} + v_t$$

上記のように (4) 式を定式化するために，財政収支を財政変数の変化の合計と前期の財政収支との和として，次のようにまとめる。

---

21) 明治憲法期の中央 – 地方関係が〈集権・融合〉を基本として構成されていたことについて，天川 (1986) 118〜121 頁を参照。府県制と市町村制の位置づけも同論文を参照。
22) 現代地方財政の起点をめぐる所説について，市川 (2012) および持田 (2021) を参照。
23) インパルス反応の割引現在価値の導出について，Buettner (2009) Appendix C および Bessho and Ogawa (2015) Appendix A を参照。

$$D_{t-1} = b'\Delta Y_{t-1} + D_{t-2}$$

 (4) 式における財政収支を逐次代入していくと，次のような係数マトリックス **B**，それに対応する変数ベクトル X_t，そして一次の VAR の攪乱項 v_t を得る．

$$\mathbf{B} \equiv \begin{bmatrix} \mathbf{A}_1 + \gamma b' & \mathbf{A}_1 + \gamma b' & \mathbf{A}_1 + \gamma b' & \mathbf{A}_1 + \gamma b' & \gamma \\ \mathbf{I} & \mathbf{0} & \mathbf{0} & \mathbf{0} & 0 \\ \mathbf{0} & \mathbf{I} & \mathbf{0} & \mathbf{0} & \vdots \\ \mathbf{0} & \mathbf{0} & \mathbf{I} & \mathbf{0} & 0 \\ 0 & \cdots & 0 & b' & 1 \end{bmatrix},$$

$$X_t \equiv \begin{bmatrix} \Delta Y_t \\ \Delta Y_{t-1} \\ \Delta Y_{t-2} \\ \Delta Y_{t-3} \\ D_{t-4} \end{bmatrix}, \quad v_t \equiv \begin{bmatrix} v_t \\ 0 \\ \vdots \\ 0 \end{bmatrix}$$

ただし，**I** は (5×5) の単位行列，**0** は (5×5) はゼロ行列である．t 期にイノベーションが発生した場合に，上記のベクトル自己回帰を用いて，k 期先の変数ベクトルを予測できる．

$$\hat{X}_{t+k} = \mathbf{B}^k v_i$$

このとき，v_i は i 番目の行以外すべてゼロになる $0-1$ ベクトルであり，これは i 番目の予算項目に発生した1単位のイノベーションを捉える．したがって，$0-1$ の行ベクトルを定義することによって，われわれは j 番目の予算項目の k 期先のインパルス反応を $h_j \mathbf{B}^k v_i$ として決定できる．r を利子率とすると割引率は $\rho \equiv (1+r)^{-1}$ となるので，i 番目の予算項目に発生した1単位のイノベーションに対する，j 番目の予算項目のインパルス反応の割引現在価値を次の式によって計算できる．

$$\hat{\pi}(Y[j], Y[i]) = \sum_{k \geq 1} h_j \rho^k \mathbf{B}^k v_i = h_j \rho \mathbf{B} [1 - \rho \mathbf{B}]^{-1} v_i$$

* 本稿の作成にあたり,別所俊一郎教授(早稲田大学),小川光教授(東京大学)より貴重な助言を賜った。また第80回日本財政学会において討論を引き受けていただいた諸富徹教授(京都大学)から有益なコメントをいただいた。匿名の査読者からは貴重なコメントをいただいた。ここに記して謝意を表したい。本稿にありうべき誤りの責任は筆者に属する。

〈参考文献〉

天川晃(1986)「変革の構想――道州制論の文脈」大森彌・佐藤誠三郎編『日本の地方政府』東京大学出版会,111～137頁。

有泉貞夫(1979)『明治政治史の基礎過程――地方政治状況史論』吉川弘文館。

市川喜崇(2012)『日本の中央‐地方関係――現代型集権体制の起源と福祉国家』法律文化社。

鵜川多加志(1985)「市町村義務教育費国庫負担金の二重性について」『立教経済学研究』第38巻第4号,35～74頁。

鵜川多加志(1986)「市町村義務教育費国庫負担金の二重性について」『立教経済学研究』第39巻第3号,113～159頁。

江見康一・塩野谷祐一(1966)『財政支出(長期経済統計――推計と分析7)』東洋経済新報社。

大石嘉一郎(1973)「戦後地方財政改革の意義」林健久・貝塚啓明編『日本の財政』東京大学出版会,403～422頁。(再録:〔1990〕『近代日本の地方自治』東京大学出版会,247～268頁。)

大石嘉一郎(1976)「日清『戦後経営』と地方財政」大内力編『地方財政(現代資本主義と財政・金融2)』東京大学出版会,117～139頁。

大石嘉一郎・西田美昭編(1991)『近代日本の行政村――長野県埴科郡五加村の研究』日本経済評論社。

大川一司・高松信清・山本有造(1974)『国民所得(長期経済統計――推計と分析第1巻)』東洋経済新報社。

金澤史男(1984)「両税委譲論展開過程の研究――1920年代における経済政策の特質」『社会科学研究』第36巻第1～6号,67～146頁。

佐藤進(1968)「戦前の地方財政と戦後の地方財政」鈴木武雄・島恭彦監修『戦後地方財政の展開』日本評論社,13～23頁。

佐藤進(1974)『地方財政・税制論』税務経理協会。

志村嘉一編(1980)『日本公社債市場史』東京大学出版会。

田中廣太郎(1930)『地方財政』日本評論社。

内閣調査局編(1936)『地方財政改善ニ関スル内閣審議会中間報告』内閣印刷局。

中村隆英（1985）『明治大正期の経済』東京大学出版会．
藤田武夫（1941）『日本地方財政制度の成立』岩波書店．
藤田武夫（1976）『現代地方財政の基本構造の形成（現代日本地方財政史上巻）』日本評論社．
松元崇（2011）『山縣有朋の挫折——誰がための地方自治改革』日本経済新聞出版社．
宮本憲一（1968）「大正末期の地方自治思想」鈴木武雄・島恭彦監修『戦後地方財政の展開』日本評論社，71～86頁．
宮本憲一（2005）『日本の地方自治その歴史と未来』自治体研究社．
三好重夫述，伊藤隆監修（2001）『三好重夫——内政史研究会談話速記録（現代史を語る2）』現代史料出版．
持田信樹（1993）『都市財政の研究』東京大学出版会．
持田信樹（2021）「現代地方財政の成立——戦前・戦後の連続と断絶に注目して」関野満夫編『現代地方財政の諸相』中央大学出版部，1～28頁．
Berset, S., M. Huber and M. Schelker (2023) "The Fiscal Response to Revenue Shocks," *International Tax and Public Finance*, 30 (3), pp.814-848.
Bessho, S. and H. Ogawa (2015) "Fiscal Adjustment in Japanese Municipalities," *Journal of Comparative Economics*, 43 (4), pp.1053-1068.
Buettner, T. (2009) "The Contribution of Equalization Transfers to Fiscal Adjustment: Empirical Results for German Municipalities and a US-German Comparison," *Journal of Comparative Economics*, 37 (3), pp.417-431.
Buettner, T. and D. E. Wildasin (2006) "The Dynamics of Municipal Fiscal Adjustment," *Journal of Public Economics*, 90 (6-7), pp.1115-1132.
Jaimes, R. (2020) "Fiscal Adjustments at the Local Level: Evidence from Colombia," *International Tax and Public Finance*, 27 (5), pp.1148-1173.
Martin-Rodriguez, M. and H. Ogawa (2017) "The Empirics of the Municipal Fiscal Adjustment," *Journal of Economic Surveys*, 31 (3), pp.831-853.
Peacock, A. T. and J. Wiseman (1961) *The Growth of Public Expenditure in the United Kingdom*, Princeton University Press.

2 租税構造・歳入構造の国際比較
——OECD データを用いた主成分分析による類型化

畑農 鋭矢◆
河合 芳樹◆◆

〈要旨〉

本稿は，OECD 加盟国の政府データに主成分分析を適用することにより租税構造と歳入構造の特徴を明らかにし，国際比較を通じてそれらの国々をいくつかのグループに類型化しようという試みである。新たな貢献は以下のようにまとめられる。第 1 に，2000 年以降のデータを追加するとともに，1990 年代半ば以降に新規加盟した国々を分析対象に加えた。第 2 に，税収項目として先行研究と同じ個人所得税・法人所得税・社会保障負担・財産税・間接税だけでなく，総税収・給与税を加えて検証した。第 3 に，潜在的国民負担の視点から，歳入項目としての財政赤字を追加して分析を行った。財政赤字を含む分析から，日本，アメリカ，アイルランド，スペイン，コスタリカが財政赤字のわなに落ち込みつつあることを発見した。分析対象を租税だけに限るのではなく財政赤字を含む歳入構造の分析が必要である。

1 租税構造をめぐる議論

人口構造の高齢化に代表される社会経済環境の変化を背景として，財政および税制のあり方があらためて問われている。高齢化によって膨らむ社会保障費を賄うために，社会保険料だけでは十分でなく，政策論議としてしばしば増税が話題に上る。税制の問題はさまざまな側面から成り，議論も多岐にわた

◆ 明治大学商学部教授
◆◆ 明治大学経済教育研究センター客員研究員

るが，そのうちの重要な一要素として租税の構成の問題を挙げることができる。能勢（1998）によれば，租税の構成についての研究は理論的に望ましい租税体系（tax system）を模索するタイプと歴史的に変遷してきた現実の租税構造（tax structure）を観察するタイプに大別される[1]。

前者は，最適課税論の枠組みの下で望ましい租税体系を模索するものであり，たとえば直接税と間接税の優位性を比較した Atkinson and Stiglitz (1976) を挙げることができる。望ましい直間比率について実証的な分析を試みた本間（1991）や橘木・市岡・中島（1991）などの貴重な貢献もある。また，租税構造を（政治的費用を最小化するなど）政府の合理的な意思決定の結果として分析する研究もあり，現実の租税構造を実証的に説明しようという試みもなされている[2]。

これに対して，現実の租税構造を観察する研究は，必ずしも強固な理論的背景を有するわけではないが，現実の複雑な制度を直接的に捉えるという点で優れて実証的なものである。伝統的に租税構造の問題は経済発展との関係で議論されることが多かった。経験的事実から租税構造の一般モデルを導出しようと試みた研究である Hinrichs (1966) は，経済発展の初期段階で直間比率における直接税割合が高く，移行期において一旦低下し，近代社会において再び高くなるというU字型仮説を提唱した。同様の論点について，詳細な国際比較を行った Musgrave (1969) の第6章，日本の租税構造を検証した石（1977）や Ishi (1988) も共通の問題意識を有しているといえよう。

伝統的に租税構造を表す代表的指標として重視されてきたのが，直間比率である。たしかに，直間比率のような1つの指標によって租税構造を表すことができれば，分析はおおいに単純化される。たとえば，この考え方を基礎にした矢野（1985）は，間接税中心のフランス型，所得税中心のアメリカ型，欧州諸国の多くを含む中間型の3グループに，先進諸国の租税構造を分類した。しかし，直接税と間接税の分類が租税構造を適切に表現し，各国の特性を明確にしてくれる保証はない。租税構造を特徴づけるためには，より細かな分類が

---

1) 能勢（1998）第10章「租税と租税体系」の5節「租税体系」による。
2) Hettich and Winer (1984; 1988), Gentry and Ladd (1994), Harmon and Mallick (1994) などを参照。

必要かもしれないし，直接税と間接税以外の分類が適当かもしれないのである。

このような問題点を考慮して，Peters (1980) は租税の細項目を先験的にまとめるのではなく，因子分析を用いて統計学的に特徴づけようと試みた。同様の手法を適用した研究はそれほど多くないが，因子分析を適用した赤間 (1989a; 1989b)，主成分分析を適用した畑農・中東・北野 (2003) や飯島 (2016; 2018) などが挙げられる。

本稿は，OECD 諸国の税収データおよび財政赤字データに主成分分析を適用し，各国の租税構造ならびに歳入構造を比較・類型化することを目的としている。他国との比較・類型化を通じて日本の租税・歳入構造の課題が明らかになれば，今後の税制改革や歳入改革の方向性に示唆を与えることができる。本稿のアプローチは，畑農・中東・北野 (2003) が採用したものと同じであるが，いくつかの点で新たな貢献がある。第 1 に，新たに入手可能となった 2000～19 年のデータを追加した。これによって先行研究の分析対象である 1999 年以前と 2000 年以降の比較など，分析期間の違いが及ぼす影響について検証することが可能となった。第 2 に，1990 年代以降に OECD 加盟を果たした国々も分析対象に加え，最大 38 カ国の分析を行ったことである。これらの新加盟国を加減しながら，分析対象国の違いが結果に差異をもたらすのかを検証する。畑農・中東・北野 (2003) の対象国は 14 カ国，飯島 (2016; 2018) でも対象は 20 カ国程度に限られており，広範に新興国を含む分析は初めての試みである。第 3 に，多くの国で赤字財政が常態化していることから，税収だけでなく，歳入の一項目としての財政赤字を加えて主成分分析を行った。最近の研究である飯島 (2016; 2018) でも財政赤字を含む分析は行われておらず，本稿の主要な貢献であるといえる。

2 データと分析手法

2.1 使用データ

OECD の提供する一般政府のデータを使用する。OECD の一般政府は SNA 統計に準拠しており，中央政府・地方政府・社会保障部門を含むものと

なっている。租税と社会保障負担については一般政府（General government）の租税（Tax）の各項目，財政赤字については一般政府の赤字（Deficit）を採用した。分析に使用する項目は，総税収（Tax revenue），個人所得税（Tax on personal income），法人税（Tax on corporate profits），社会保障負担（Social security contributions），財産税（Tax on property），消費税・物品税（Tax on goods and services），給与税（Tax on payroll），および財政赤字（Deficit）である。データとして，総税収，6つの税項目，財政赤字の計8系列を用いることになる。

　また，国際比較を行うために対 GDP 比を採用した。OECD は対 GDP 比に加えてドル換算の実額データも提供しているが，人口規模が異なる多くの国々を比較するためには GDP 比が適していると考えた。Peters（1979; 1980）のように各租税データの対総税収比を用いる方法も考えられるが，赤間（1989a）が批判するように，各税項目のシェアが独立でないため，代替関係が強めに出てしまう可能性がある。さらに，GDP 比を採用した場合，総税収／GDP を変数の1つとして分析することが可能となる。

　OECD データの総税収は租税負担と社会保障負担の総和であり，この GDP 比をとることは国民負担率の概念に対応している[3]。ただし，その他の税があるため6つの税項目の合計と厳密には一致しない。個人所得税は個人の所得に課される税であり，個人のキャピタルゲインに対する課税を含んでいる。法人税は企業の利益に課される税であり，企業のキャピタルゲインに課される税も含まれる。社会保障負担は，将来の社会保障給付を受ける権利を得るために要する強制的な支払いであり，失業保険，公的年金，家族手当，医療保険などが含まれる[4]。保険料は従業員と雇用者の両方から徴収される場合がある。財産税は財産の使用・所有・移転にかかる税であり，不動産関連の税や相続・贈与税などが含まれる。消費税・物品税は，おもに一般売上税，付加価値税，物品税，関税などから構成される。

---

[3] 通常使用される国民負担率の分母は国民所得であるが，財務省の資料では参考として GDP 比版の国民負担率も示されている。国民所得と GDP はおおむね比例的に変動するため，2つの国民負担率は似た推移を示す。

[4] オーストラリアでは社会保障を目的とする保険料を徴収していないため，社会保障負担の項目はゼロとなっている。

給与税は給与を基準に雇用者や被雇用者に課される税であり、給与に比例して課されるものが多い。ただし、OECDデータの定義は一般的な給与税の定義と大きく異なる。単にpayroll taxないし給与税といった場合、おもな構成要素は社会保険料や社会保障税であることが多いが、OECDデータにおける給与税は「社会給付を受ける権利を与えないもの」と定義されており、社会保険料を含まないことに注意が必要である。したがって、日本を含む多くの国で給与税のデータは0となっている。

　OECDのGeneral government deficitは財政収支として定義されており、データ上は黒字がプラス、赤字がマイナスとなっている。本稿では、財政赤字の歳入としての側面を強調するため、正負を逆転させ、赤字をプラス、黒字をマイナスとして扱っている。このことは、国債発行による歳入を考慮したと考えれば、税収だけでなく歳入全体を捉えたものとして理解することができる。また、国民負担率に対応する総税収に財政赤字を加えると潜在的国民負担率に対応するデータが得られることになる。

　分析対象はOECDに加盟している38カ国で、新規加盟国についても1990年代後半からデータが揃うことが多いが、財政収支は2000年以降に限定される国も多い。そのため38カ国の分析については期間を2000～19年とした。[5] また、畑農・中東・北野（2003）との比較のため、1980～99年についてオーストラリア、オーストリア、ベルギー、カナダ、フランス、イギリス、ドイツ[6]、ギリシャ、イタリア、日本、オランダ、ノルウェー、スウェーデン、アメリカの14カ国を対象とした分析も行う。1980～99年と2000～19年の比較は以下のような利点を持つ。1つは、2期間とも20年という時系列方向の長さを確保して、分析結果の安定性を得られることである。これより短い10年程度の期間だと、景気循環の影響を強く受ける可能性がある。また、ユーロ導入の時期を挟んでおり、とくに欧州諸国の置かれた状況が2つの期間で異なる可能性がある。[7]

---

5) 一部の国については2000年代に欠落しているデータがある。
6) 1990年以前は旧西ドイツのみが対象である。
7) ユーロの決済通貨としての導入が1999年、現金としての導入が2002年である。東欧諸国はこれより後に加盟している。また、OECDへの加盟も同じ頃に進行している。

2.2 分析手法

主成分分析の手法を用いてデータが持つ情報をより少ない変数に縮約して表現し，歳入構造の特徴の視覚化を行う。このような手法を歳入データに適用した初期の研究としては，類似の分析方法である因子分析を用いた Peters (1980) と赤間 (1989a; 1989b) を挙げることができる。また，畑農・中東・北野 (2003) は本稿とほぼ同じ枠組みで分析を行った研究である。なお，主成分分析を実行するにあたっては，測定されたデータそのままに分析を行う分散・共分散行列に基づく方法と，測定データを基準化してから分析を行う相関行列に基づいた方法があるが，ここで用いるデータのばらつきは大きく異なるので，基準化したデータを用いた後者の方法を採用した。

また，各国の類型化を行う際には図示による視覚化に頼った。類型化を行う統計学的な手法としてクラスター分析を用いることも可能であり，実際に飯島 (2016; 2018) が採用している。しかし，クラスター間の距離を測る方法がいくつもあり，どの方法が適切かを検証するためには多くの比較検証が必要である。本稿では租税・歳入構造分析の出発点を示すことを優先して視覚化の手法を採用し，クラスター分析による詳細な検証は今後の課題としたい。

3 主成分分析

3.1 14カ国の分析

畑農・中東・北野 (2003) の用いたデータと比べると，SNA統計が1993 SNAから2008SNAに移行し，OECDデータの多くもアップデートされている。そこで，以前の分析結果と比較するため，対象となる変数，推定期間，対象国を同じに設定した結果を確認しよう。推定期間は1980～99年，対象国はOECD加盟国のうち，オーストラリア，オーストリア，ベルギー，カナダ，フランス，イギリス，ドイツ，ギリシャ，イタリア，日本，オランダ，ノルウェー，スウェーデン，アメリカの14カ国である。

表1がその結果である。若干の差異は見られるものの，おおむね畑農・中東・北野 (2003) と同様の結果が得られており，データ遡及改訂の影響は大き

表1　14カ国の主成分分析――1980～99年

固有ベクトル	主成分1	主成分2	主成分3	主成分4	主成分5
個人所得税	−0.0058	0.9337	−0.1271	−0.0336	0.3330
法人税	0.3769	0.0618	0.9019	−0.1145	0.1660
社会保障負担	−0.5403	−0.2471	0.1330	0.2350	0.7577
財産税	0.5496	−0.0436	−0.1529	0.8054	0.1547
消費税・物品税	−0.5138	0.2479	0.3595	0.5309	−0.5133
固有値	2.0521	1.0661	0.8402	0.5338	0.5078
寄与率	0.4104	0.2132	0.1680	0.1068	0.1016
累積寄与率	0.4104	0.6236	0.7917	0.8984	1.0000

（出所）　筆者作成。

表2　14カ国の主成分分析――2000～19年

固有ベクトル	主成分1	主成分2	主成分3	主成分4	主成分5
個人所得税	0.1038	0.5211	0.7997	−0.1527	0.2341
法人税	0.1531	0.6884	−0.5144	0.3217	0.3667
社会保障負担	−0.6340	−0.2465	0.0421	0.0656	0.7289
財産税	0.4848	−0.3707	0.2524	0.7188	0.2170
消費税・物品税	−0.5734	0.2372	0.1742	0.5935	−0.4821
固有値	1.8702	1.2697	0.9441	0.6018	0.3142
寄与率	0.3740	0.2539	0.1888	0.1204	0.0628
累積寄与率	0.3740	0.6280	0.8168	0.9372	1.0000

（出所）　筆者作成。

くない。[8] 主成分分析の結果を確認しておこう。固有値が1を超えるのは主成分2までであった。主成分1は法人税と財産税に依存する国ほどプラス，社会保障負担と消費税・物品税に依存する国ほどマイナスとなる。主成分2は圧倒的に個人所得税の影響が大きく，個人所得税に依存する国ほどプラスとなる。

次に，2000～19年のデータを用いて表1の結果と比較しよう。[9] 表2がその結果である。これまでと同様，固有値が1を上回るのはいずれも主成分2までであり，主成分としての意味も表1と似ている。ただし，主成分1への法

---

8)　固有ベクトルの正負の符号が逆転しているケースが散見されるが，180度の反転を施せば同じ意味を持つ主成分となる。

9)　1980～2019年の分析も行ったが，両期間の中間的な結果となり，特筆すべきことはないため省略した。

人税の寄与が低下していることは注目される。すなわち，2000～19年の主成分1は「財産税⇔社会保障負担と消費税・物品税」の対立関係に依存している。また，1980～99年の主成分2は圧倒的に個人所得税の影響が大きかったが，2000～19年では法人税の影響が表れてきた。2000～19年の主成分2は個人と法人を包含する所得税の指標となった。法人税の位置づけの変化については，以下で図を確認した後に再度議論しよう。

図1と図2に，2つの期間について主成分1と主成分2に基づく14カ国の位置関係を図示した。図1（1980～99年）では，日本は主成分1がプラス，主成分2が大きくマイナスであり，法人税，財産税への依存度が高い特異な国である（第4象限）。主成分1がプラスで，主成分2がゼロ付近～プラスにあるのが英語圏諸国（アングロ・サクソン型）である（第1象限）。図の左側には欧州諸国が位置する。これらの国々では主成分1がおおむねマイナスとなり，法人税，財産税よりは社会保障負担や消費税・物品税に依存している。欧州諸国はさらに上下に分割され，主成分2がプラスのスウェーデンやノルウェーといった北欧諸国が上（第2象限）に，主成分2がマイナスのフランスやギリシャ，オランダといった欧州大陸諸国が下（第3象限）に位置する。イタリア，ドイツ，オーストリアは中間に位置するが，相対的には欧州大陸諸国に近い。

図2（2000～19年）を見ると，各国の位置関係は基本的に維持されている。ただし，日本は消費税率の引き上げや高齢化に伴う社会保障負担の増加によって，その位置を大きく左側に移しており，相対的に欧州諸国に近づいた。また，英語圏諸国の位置が上下に広がる傾向を見せている。図の左側に位置する欧州諸国は少しずつ位置関係を変えているが大きな変動はない。

図1と図2で主成分の意味がやや異なっている点には注意が必要である。とりわけ，図1では主成分1（横軸）右方に含まれていた法人税が，図2では主成分2（縦軸）に移ったことは注目に値する。これは，法人税への依存度が相対的に高かった英語圏諸国において法人税への依存度が低下したことに起因する。他の税では英語圏諸国（図の右側）と非英語圏諸国（図の左側）の間の格差が温存されたのに対して，法人税の格差は縮小したため，英語圏諸国と非英語圏諸国（図の左右）の位置関係の説明要因としての役割が低下したのである。

1999年までのデータによる主成分分析から，租税構造のタイプは4つに区

2 租税構造・歳入構造の国際比較

図1 14カ国の主成分1×主成分2（1980〜99年）

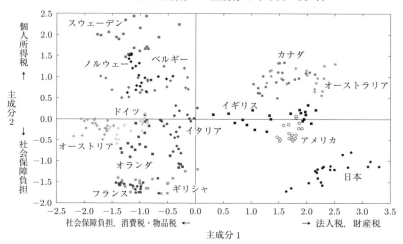

（出所）筆者作成。

図2 14カ国の主成分1×主成分2（2000〜19年）

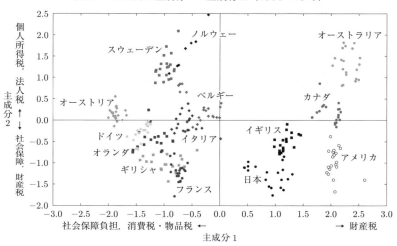

（出所）筆者作成。

分できることがわかった。すなわち，①日本型，②アングロ・サクソン型，③北欧型，④欧州大陸型の4つである。2000〜19年のデータでは日本の特異性

が消失しつつあるが，②アングロ・サクソン型，③北欧型，④欧州大陸型の3タイプは健在である。このような類型は，福祉国家のレジームを3つに分けたEsping-Andersen（1990=2001）の議論と驚くほど符合する。すなわち，自由主義レジームが②アングロ・サクソン型，社会民主主義レジームが③北欧型，保守主義レジームが④欧州大陸型に対応している。また，資本主義を5つのタイプに分けたAmable（2003=2005）においては日本・韓国に代表されるアジア型が表れており，ここでの①日本型はアジア型に当たると見ることができる。[10]

3.2 OECD拡大の検証

1990年代半ば以降，OECDは加盟国を順次増やしており，現時点（2024年7月）で38カ国が構成員となっている。そこで，38カ国の分析を行って14カ国の場合と比べてみよう。表3にその結果が示されている。38カ国の場合にも固有値が1を上回るのは主成分2までであった。主成分1の意味合いは14カ国の分析と似ているが，法人税の影響が大きくなっていることが注目される。つまり，1980〜99年の分析結果に近く，38カ国の分析における主成分1は「法人税，財産税⇔社会保障負担，消費税・物品税」の対立関係に依存している。他方，主成分2には法人税の影響がほとんど見られず，代わりに消費税・物品税の影響が強くなっている。38カ国の分析における主成分2は「個人所得税＋消費税・物品税」の指標となっており，所得・消費にかかわらず個人に対する課税への依存を反映している。

表4には先行研究では注目されなかった給与税を含む分析を示した。主成分2においていくらかの寄与を見せているが，他の税の影響のあり方は変わらない。給与税自体は量的な重要性に乏しいことから，分析の枠組みから外しても問題ないと判断できる。

3.3 総税収と財政赤字

最後に，総税収と財政赤字を組み込んだ分析を見よう。表5から表7にそ

---

10) 鞠（2019）は日本と韓国の租税体系が収束する傾向にあることを指摘しており，韓国が日本と近い位置にあることが示唆される。

2 租税構造・歳入構造の国際比較

表3 38カ国の主成分分析――2000～19年

固有ベクトル	主成分1	主成分2	主成分3	主成分4	主成分5
個人所得税	0.2618	0.7485	0.0846	−0.1723	0.5782
法人税	0.4322	0.0374	−0.7736	0.4618	0.0067
社会保障負担	−0.5329	0.0986	0.1641	0.7611	0.3164
財産税	0.5339	0.1923	0.5520	0.4159	−0.4475
消費税・物品税	−0.4191	0.6258	−0.2504	−0.0693	−0.6044
固有値	1.6516	1.2926	0.8724	0.7856	0.3978
寄与率	0.3303	0.2585	0.1745	0.1571	0.0796
累積寄与率	0.3303	0.5888	0.7633	0.9204	1.0000

(出所) 筆者作成。

表4 38カ国の主成分分析――2000～19年(＋給与税)

固有ベクトル	主成分1	主成分2	主成分3	主成分4	主成分5	主成分6
個人所得税	0.2109	0.7390	0.1524	−0.0910	−0.1809	−0.5875
法人税	0.4272	0.0708	0.0817	0.7658	0.4683	0.0007
社会保障負担	−0.5321	0.0333	0.1422	−0.1802	0.7507	−0.3155
財産税	0.5212	0.2189	0.0760	−0.5628	0.3979	0.4467
消費税・物品税	−0.4443	0.5173	0.3633	0.2262	−0.1071	0.5834
給与税	−0.1447	0.3636	−0.9012	0.0694	0.1207	0.1238
固有値	1.6645	1.3496	0.9421	0.8720	0.7829	0.3888
寄与率	0.2774	0.2249	0.1570	0.1453	0.1305	0.0648
累積寄与率	0.2774	0.5024	0.6594	0.8047	0.9352	1.0000

(出所) 筆者作成。

の結果をまとめた。表5はこれまでの5税に総税収を加えたものである。表6は総税収に加えて財政赤字も含めた分析であり、表7は総税収を除いて財政赤字のみを加えたケースである。

総税収を分析対象に含めると、財政赤字の有無にかかわらず主成分1は(これまでと異なり)歳入規模の指標となる。実際、表5・表6の主成分1は総税収データと非常に高い相関を持っており、相関係数は0.7〜0.8に達する。さらに、これらの主成分1は表7の主成分2と財産税の固有ベクトルの符号を除くと非常に似ている。表7の主成分2は総税収を含まないにもかかわらず、総税収データと高い相関を有しており、その相関係数は0.8近い。一見すると、総税収は構造を規定する重要な要因に見えるが、実はそうではない。総税収を除いた表7においても、主成分2がその役割を十分に果たしており、総

表5　38カ国の主成分分析――2000〜19年（＋総税収）

固有ベクトル	主成分1	主成分2	主成分3	主成分4	主成分5	主成分6
個人所得税	0.4340	0.4577	0.0845	−0.3882	−0.5006	0.4401
法人税	−0.0181	0.4416	−0.7735	0.4336	0.0360	0.1304
社会保障負担	0.3481	−0.4474	0.1642	0.6521	−0.2096	0.4272
財産税	0.0369	0.5769	0.5521	0.3259	0.4935	0.1065
消費税・物品税	0.5116	−0.2313	−0.2505	−0.3240	0.6701	0.2606
総税収	0.6535	0.0951	0.0000	0.1577	−0.1074	−0.7263
固有値	2.235	1.627	0.872	0.847	0.409	0.010
寄与率	0.3725	0.2712	0.1454	0.1412	0.0681	0.0016
累積寄与率	0.3725	0.6437	0.7891	0.9303	0.9984	1.0000

（出所）　筆者作成。

表6　38カ国の主成分分析――2000〜19年（＋総税収＋財政赤字）

固有ベクトル	主成分1	主成分2	主成分3	主成分4	主成分5	主成分6	主成分7
個人所得税	0.4624	−0.2680	0.3841	−0.3492	−0.3843	0.3129	0.4465
法人税	0.1038	−0.5278	−0.4162	0.2875	0.3991	0.5272	0.1327
社会保障負担	0.2378	0.4961	−0.1479	0.6491	−0.2452	0.0547	0.4370
財産税	0.0551	−0.3725	0.6041	0.4725	0.2930	−0.4144	0.1118
消費税・物品税	0.4811	0.2899	−0.1395	−0.3446	0.6341	−0.2733	0.2636
総税収	0.6415	0.0845	0.1127	0.1791	−0.0382	0.1581	−0.7142
財政赤字	−0.2698	0.4167	0.5102	−0.0076	0.3788	0.5914	−0.0038
固有値	2.2563	1.8735	1.2107	0.8468	0.4140	0.3887	0.0101
寄与率	0.3223	0.2676	0.1730	0.1210	0.0591	0.0555	0.0014
累積寄与率	0.3223	0.5900	0.7629	0.8839	0.9430	0.9986	1.0000

（出所）　筆者作成。

表7　38カ国の主成分分析――2000〜19年（＋財政赤字）

固有ベクトル	主成分1	主成分2	主成分3	主成分4	主成分5	主成分6
個人所得税	0.3627	0.3228	0.6326	−0.1154	−0.3587	0.4713
法人税	0.5399	0.1054	−0.4433	0.2011	0.4553	0.5031
社会保障負担	−0.4350	0.3112	−0.0991	0.7601	−0.2582	0.2442
財産税	0.3661	−0.3727	0.4659	0.5986	0.2300	−0.3610
消費税・物品税	−0.1696	0.7073	0.2426	−0.0750	0.5855	−0.2523
財政赤字	−0.4743	−0.4245	0.3428	−0.0677	0.4490	0.5207
固有値	1.8828	1.4170	1.1493	0.7716	0.4133	0.3659
寄与率	0.3138	0.2362	0.1916	0.1286	0.0689	0.0610
累積寄与率	0.3138	0.5500	0.7415	0.8701	0.9390	1.0000

（出所）　筆者作成。

税収を分析に含めることはそれほど重要ではない。主成分1を除くと，総税収が大きく寄与するのは表5の主成分6，表6の主成分7のみであり，その寄与率はきわめて小さい。したがって，租税構造を検討するためには総税収を構成する5税を見れば十分であり，5税に加えてさらに総税収を加える必要はないというのがわれわれの結論である。

これに対して財政赤字には重要な意味を見いだせる。財政赤字を含めた表7に注目しよう。まず，主成分3までが固有値1を超えて，構造が複雑になることがわかる。主成分1は「個人所得税，法人税，財産税 ⇔ 社会保障負担，財政赤字」の対立関係を表している。主成分2は「消費税・物品税 ⇔ 財政赤字，財産税」の指標である。[11] 主成分3は「個人所得税 ⇔ 法人税」である。財政赤字を分析対象に含めると，主成分の構成要素がこれまでと大きく変わる。つまり，総税収と異なり財政赤字は構造の重要な要素となっていることが読み取れる。これまで租税構造の分析を行ってきたが，財政赤字の重要性を見いだすに至って，われわれの分析は租税だけでなく財政赤字を含む歳入構造の分析となったのである。

4 歳入構造の国際比較

以下では，表7に示した5税＋財政赤字の分析結果をもとに各国の位置関係を確認していこう。図3は主成分1を横軸に，主成分2を縦軸にとったものである。ただし，38カ国の20年分の主成分得点を表示すると図が複雑になるため，対象期間前半（2000～09年）の平均値と後半（2010～19年）の平均値を計算し，2000～09年の平均値を始点，2010～19年の平均値を終点として矢印で示した。

図3を見ると，第1象限に北欧諸国（北欧型），第2象限に東欧諸国と西欧諸国の一部（欧州大陸型）が集まった。図の下側（第3象限と第4象限の）の境界は明瞭でないが，左側（第3象限寄り）にアメリカおよび中米とアジア諸国が目立つ。右側（第4象限寄り）にはアメリカ以外の英語圏諸国（アングロ・サ

---

11) 赤石（2005）は日本財政の特徴として低い消費税と財政赤字を挙げており，ここで得られた主成分2と符合する。

図3　38カ国の歳入構造と移動──2000〜09年平均→2010〜19年平均

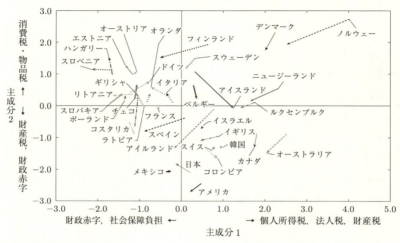

（出所）　筆者作成。

クソン型）が位置した。なお，図の左側に東欧諸国が集まり，図の下側に中米諸国が集まる傾向が見られるが，これらはOECDの新規加盟国であり，経済の発展段階の影響を受けている可能性がある。[12]

　また，推定期間の前半（2000〜09年）から後半（2010〜19年）にかけての移動経路を描いた矢印に注目すると，かなり大きな移動を見せている国もあり，国際比較に基づく歳入構造が変化していく様子が見てとれる。とりわけ，いくつかの国が左下の第3象限に向けて動いていることが注目される。第3象限は，個人所得税，法人税，財産税が十分でなく財政赤字へ，消費税・物品税も十分でなく財政赤字へという傾向を持っており，いわば「財政赤字のわな」の状況を表している。[13] 日本，アメリカ，スペイン，コスタリカはいずれも最近になって財政赤字が膨らんでいる国々であり，アイルランドはリーマン・ショッ

---

12)　旧加盟国に比べて東欧や中南米諸国などの新加盟国では税収の構造が大きく異なることは頼(2022)でも指摘されている。

13)　「財政赤字のわな」(fiscal deficit trap) という用語が，財政赤字ないし国債残高が膨大になった状態を表すために使われることがある。1990年代半ば以降の日本財政，ギリシャ危機時のギリシャ財政が代表的である。たとえば，菅(2003)やTyers and Corbett (2012) が日本についてこの用語を使っている。

ク後に急激に財政赤字が膨張した国である。これらの国々が揃って財政赤字のわなを意味する第3象限に向かっているのである。

　財政赤字のわな（第3象限）を抜け出すヒントは図3に隠されている。すなわち，脱出のためには，右方に向かってアングロ・サクソン型（第4象限）を目指すか，上方に向かって欧州大陸型（第2象限）を目指すか，右斜め上へ向かって北欧型（第1象限）を目指すか，の3つのルートがある。アングロ・サクソン型を目指すのであれば個人所得税または法人税，財産税などの直接税を引き上げること，欧州大陸型を目指すのであれば消費税や物品税などの間接税を引き上げること，北欧型を目指すのであれば直接税と間接税の両方を引き上げることになる。どの型を目指すのかによって歳入改革の方向性は大きく異なってくる。

5　まとめと今後の課題

　本稿では，OECD諸国の税収データおよび財政赤字データに主成分分析を適用し，各国の租税構造・歳入構造を比較分析した。本稿の新たな貢献は以下のようにまとめられる。第1に，新たに入手可能となった2000～19年のデータを追加し，1980～99年と2000～19年の比較など，分析期間の違いが及ぼす影響について検証した。第2に，1990年代以降にOECD加盟を果たした国々も分析対象とした点である。これらの新加盟国を加減しながら，分析対象国の違いが結果に差異をもたらすのかを検証した。第3に，多くの国で赤字財政が常態化していることから，税収だけでなく，財政赤字を加えて主成分分析を行った。

　まず，1980～99年のデータを用いた主成分分析により先行研究と同様の結果を確認した。その結果によると租税構造のタイプは4つに区分できる。すなわち，①日本型，②アングロ・サクソン型，③北欧型，④欧州大陸型の4つである。2000～19年のデータでは日本の特異性が消え，②アングロ・サクソン型，③北欧型，④欧州大陸型の3タイプが残った。このような類型は，Esping-Andersen（1990=2001）の福祉国家レジームやAmable（2003=2005）の「5つの資本主義」と驚くほど整合的である。

また，先行研究で対象とならなかった財政赤字が歳入構造を規定する重要な要素であることを見いだした。このような財政赤字を含む分析は，日本，アメリカ，アイルランド，スペイン，コスタリカが財政赤字のわなに落ち込みつつあるという発見をもたらした。ここから，税収だけの租税構造の分析では十分でなく，財政赤字を含む歳入構造の分析が必要であることがわかる。さらに，財政赤字のわなを抜け出すためには，どの歳入構造型を目指すのかという点が重要であり，それによって歳入改革の方向性が定まることを議論した。

　むろん，本稿には課題も残されている。OECDに新しく加盟した新興国の租税・歳入構造は古い加盟国とは大きく異なる場合が多い。頼（2022）が強調するように，経済の発展段階を考慮した分析が必要かもしれない。また，租税・歳入構造分析の出発点として視覚化による類型化を試みたが，クラスター分析のような統計学的手法による類型化が期待されるところである。クラスター分析の適用の可能性については今後の課題としたい。さらに，本稿では分析対象を一般政府としたが，国税と地方税を分けた分析は興味深い。租税構造の視点から国税と地方税の構成を検証することは重要な研究課題であろう。

＊　本稿は日本財政学会第80回大会（九州大学）における報告論文を加筆修正したものである。座長の赤井伸郎先生（大阪大学），討論者の飯島大邦先生（中央大学），貴重なコメントをいただいた福重元嗣先生（大阪大学），ならびに匿名のレフェリーに感謝申し上げたい。

〈参考文献〉

赤石孝次（2005）「日本型消費税政策の新政治経済学」『グローバル化と現代財政の課題（財政研究第1巻）』日本財政学会，195〜212頁。

赤間祐介（1989a）「先進産業諸国の歳入構造（上）――税収構成の政治的要因」『季刊行政管理研究』第47号，33〜48頁。

赤間祐介（1989b）「先進産業諸国の歳入構造（下）――税収構成の政治的要因」『季刊行政管理研究』第48号，13〜24頁。

飯島大邦（2016）「租税構造の国際比較――日本の租税構造の現状および将来の方向性を考える」中央大学経済研究所編『日本経済の再生と新たな国際関係――中央大学経済研究所創立50周年記念』中央大学出版部，237〜266頁。

飯島大邦（2018）「租税構造と経済成長」『経済学論纂（中央大学）』第59巻第1・2合併号，1～18頁．

石弘光（1977）「租税構造と経済発展——租税構造発展の『一般化』をめぐって」『経済学研究（一橋大学）』第20号，149～188頁．

菅壽一（2003）「財政赤字と財政再建——政府予算制約の含意を中心に」『広島大学経済論叢』第27巻第1号，27～55頁．

鞠重鎬（2019）「基幹税の構成から見た日韓租税体系の収束現象」『東アジア経済経営学会誌』第12号，45～56頁．

橘木俊詔・市岡修・中島栄一（1991）「応用一般均衡モデルと公共政策」『経済分析』第120号，39～53頁．

能勢哲也（1998）『現代財政学（補訂版）』有斐閣．

畑農鋭矢・中東雅樹・北野祐一郎（2003）「租税構造の国際比較」PRI Discussion Paper Series, 03A-22．

本間正明（1991）「最適直間比率のシミュレーション分析——効率と公平のトレードオフ」『日本財政の経済分析』創文社，205～233頁．

矢野秀利（1985）「現代フランスの租税構造」『大阪学院大学商経論叢』第10巻第4号，41～54頁．

賴俊輔（2022）「新興高所得国・上位中所得国の税収構造の分析」『明治学院大学国際学研究』第61号，1～17頁．

Amable, B. (2003) *The Diversity of Modern Capitalism*, Oxford University Press．（山田鋭夫・原田裕治・木村大成・江口友朗・藤田菜々子・横田宏樹・水野有香訳〔2005〕『五つの資本主義——グローバリズム時代における社会経済システムの多様性』藤原書店）．

Atkinson, A. B. and J. E. Stiglitz (1976) "The Design of Tax Structure: Direct Versus Indirect Taxation," *Journal of Public Economics*, 6 (1), pp.55-75.

Esping-Andersen, G. (1990) *The Three Worlds of Welfare Capitalism*, Polity Press．（岡沢憲芙・宮本太郎訳〔2001〕『福祉資本主義の三つの世界——比較福祉国家の理論と動態』ミネルヴァ書房）．

Gentry, W. M. and H. F. Ladd (1994) "State Tax Structure and Multiple Policy Objectives," *National Tax Journal*, 47 (4), pp.747-772.

Harmon, O. R. and R. Mallick (1994) "The Optimal State Tax Portfolio Model: An Extension," *National Tax Journal*, 47 (2), pp.395-401.

Hettich, W. and S. L. Winer (1984) "A Positive Model of Tax Structure," *Journal of Public Economics*, 24 (1), pp.67-87.

Hettich, W. and S. L. Winer (1988) "Economic and Political Foundations of

Tax Structure," *American Economic Review*, 78 (4), pp.701-712.

Hinrichs, H. H. (1966) *A General Theory of Tax Structure Change During Economic Development*, Law School of Harvard University.

Ishi, H. (1988) "Historical Background of the Japanese Tax System," *Hitotsubashi Journal of Economics*, 29 (1), pp.1-20.

Musgrave, R. A. (1969) *Fiscal Systems*, Yale University Press.（大阪大学財政研究会訳〔1972〕『財政組織論――各国の比較』有斐閣。）

Peters, B. G. (1979) "Determinants of Tax Policy," *Policy Studies Journal*, 7 (4), pp.787-793.

Peters, B. G. (1980) "Determinants of Choice in Tax Policy," in T. R. Dye and V. Gray (eds.), *The Determinants of Public Policy*, Lexington Books, pp.203-211.

Tyers, R. and J. Corbett (2012) "Japan's Economic Slowdown and Its Global Implications: A Review of the Economic Modelling," *Asian-Pacific Economic Literature*, 26 (2), pp.1-28.

3 ふるさと納税制度と地方自治体の費用効率性に関する実証分析

小川　顕正◆
近藤　春生◆◆

〈要旨〉

　本稿は，ふるさと納税制度が地方財政に与える影響について，地方自治体の公共サービス供給における費用効率性に着目して定量分析を行ったものである。ふるさと納税は住民にとって他地域が負担する財源であり，住民はふるさと納税の分だけ公共サービスの供給コストを過小評価するかもしれない。これによって住民のコスト意識が希薄になれば，非効率な公共サービス供給が許容される可能性がある。本稿では，パネルデータを用いた確率的フロンティア分析によって，ふるさと納税に高く依存する自治体ほど費用効率性が損なわれていること，地方交付税の交付団体においては，ふるさと納税制度による住民税控除額や返礼品費用を考慮しても費用効率性が損なわれていることを明らかにした。なお，地方自治体の費用効率性を測定した先行研究は多く存在するものの，ふるさと納税が与える影響に着目した研究はあまり存在しておらず，本稿はふるさと納税制度の多面的な評価に貢献するものである。

1　はじめに

　ふるさと納税制度を通じた寄付は，制度が創設された2008年度には72億円に過ぎなかったが，2019年度を除いて増え続け，2022年度には9654.1億円に達した。ふるさと納税制度とは，納税者が任意の自治体に寄付を行うと，

◆　新潟大学経済科学部准教授
◆◆　西南学院大学経済学部教授

寄付額に応じて税金の控除が受けられるものである。総務省はふるさと納税の意義として，①納税者が寄付先を選択する制度であり，その使途を考えるきっかけとなること，②生まれ故郷やお世話になった地域等に対して力になりうること，③自治体間の良い競争をうながすことの3点を挙げている[1]。そのようなふるさと納税制度の本来の趣旨が実現しているかを明らかにすることには一定の意義があろう。その観点から，これまで，ふるさと納税受入額の決定要因，寄付者のモチベーション，自治体間の返礼品競争などに着目した実証分析が蓄積されてきた。Yamamura, Tsutsui and Ohtake (2021) を含む複数の研究では，ふるさと納税を行う動機として，返礼品の内容が重要な要素であることを指摘しており，ふるさと納税の当初の目的が必ずしも達成されていない可能性を示唆している。しかしながら，ふるさと納税が地方自治体の歳出行動に及ぼす影響に着目した研究は，深澤（2021），Ogawa and Kondoh（2022）のほかに存在していない。ふるさと納税が返礼品競争となっているならば，寄付を集めようとする自治体にとって重要なことは，いかに魅力的な返礼品を用意するかであり，公共サービスの効率化は疎かにされているかもしれない。

たとえば，総務省ホームページ「ふるさと納税ポータルサイト」には，ふるさと納税活用の「好事例」としてマラソン大会や祭の運営経費にふるさと納税を充てた事例が掲載されているが，マラソン大会や祭の運営経費を自治体が負担すべきかどうかは議論の余地がある。また，過疎地でNPO法人が担っている自家用自動車運送の新しい車両配備にふるさと納税を充てた事例も掲載されているが，NPO法人への寄付に対しては税制上の優遇措置があるにもかかわらず，ふるさと納税を通じた寄付で新しい車両配備をするべきかどうかにも議論の余地がある。これらの事例を一律に放漫財政だと断じることはできないが，ふるさと納税がなければ行われなかった支出であったかもしれない。また，ふるさと納税を受け入れる自治体の住民からすると，ふるさと納税は他地域によって負担される財源である。住民は，ふるさと納税が充てられた分だけ公共サービスの供給コストを過小に評価するかもしれない。赤井・佐藤・山下

---

1) 総務省「ふるさと納税ポータルサイト」の「ふるさと納税の理念」
〈https://www.soumu.go.jp/main_sosiki/jichi_zeisei/czaisei/czaisei_seido/furusato/policy/〉2024.4.17 参照。

(2003)は，地方交付税が交付団体に財政錯覚をもたらすことで住民のコスト意識を希薄にし，「過大な支出・非効率な公共サービスの生産を許容してしまいかねない」ことを分析によって明らかにしているが，このことはふるさと納税にも当てはまる可能性がある。そこで，本稿では，ふるさと納税を受け入れた自治体において「非効率な公共サービスの生産」，すなわち費用効率性が損なわれている可能性を実証分析に基づいて明らかにすることを試みる。

本稿の構成は以下の通りである。まず，次節でふるさと納税制度の現状を概観する。第3節では本稿に関係する先行研究を挙げる。第4節では先行研究を踏まえて想定されるふるさと納税制度と地方自治体の費用効率性の関係について述べる。第5節では，分析方法や推定に用いるデータの算出方法，推定結果を示す。第6節では推定結果に基づいた考察を示す。

2　ふるさと納税制度と地方自治体の負担

総務省「ふるさと納税に関する現況調査結果」によると，2022年度の寄付受入額は9654.1億円で，寄付受入件数は5184.3万件である。「ふるさと納税の募集に要した費用」(全団体の合計) は次の通りである (同じく2022年度)。返礼品の調達にかかる費用が2687億2800万円，返礼品の送付にかかる費用が731億7900万円，広報にかかる費用が66億8200万円，決済等にかかる費用が197億2100万円，事務にかかる費用が834億2100万円で，合計は4517億3100万円である。したがって，受け入れた寄付額のうち，およそ5割が返礼品に充てられていることになる。2019年に地方税法が改正されたことによって，返礼品の調達にかかる費用が寄付額の3割を超える自治体や，返礼品の調達にかかる費用と間接費 (送付にかかる費用，広報・決済・事務にかかる費用等) の合計が寄付額の5割を超える自治体は制度の対象から外されることになったため，これに沿った比率となっている[2]。

ふるさと納税によって税収が減少した自治体には，住民税控除額の75％が

---

[2]　総務省「ふるさと納税に関する現況調査結果」では，すべての費用を「返礼品の調達にかかる費用」ないしは「事務にかかる費用等」に計上している自治体も存在している。

補塡される[3]。ここで，ふるさと納税を誰が負担しているのかについて，深澤 (2021) 4 頁を引用して説明する。X 県 A 市の住民（所得税率 20%）が Y 県 B 市に対してふるさと納税制度を通じて 5 万円を寄付したとしよう。この場合，寄付者は 2000 円を自己負担する一方で，所得税と住民税から控除を受けることができる[4]。控除の内訳は次の通りである（単位はすべて万円）。

- 所得税からの控除：0.96（寄付額から自己負担を除いた 4.8 万円の 20%）
- X 県の住民税からの控除：1.536（寄付額から自己負担を除いた 4.8 万円の 32%）
- A 市の住民税からの控除：2.304（寄付額から自己負担を除いた 4.8 万円の 48%）

また，以上に加えて，寄付者は寄付額の 50% にあたる最大 2.5 万円の返礼品を B 市から受け取ることができる。

ここで X 県・A 市が交付団体の場合，国からの地方交付税を通じた補塡がある。このことを考慮すると，上記の控除に対する X 県・A 市・国の負担は次の通りとなる（単位はすべて万円）[5]。

- X 県：住民税控除額 ▲1.536＋国からの補塡 1.152 ＝ ▲0.384
- A 市：住民税控除額 ▲2.304＋国からの補塡 1.728 ＝ ▲0.576
- 国：所得税控除額 ▲0.96＋X 県への補塡 ▲1.152＋A 市への補塡 ▲1.728 ＝ ▲3.84

また，Y 県 B 市の受入額は 5 万円だが，その 5 割（2.5 万円）を返礼品とその送付に充てているため，実際に B 市が受け取れるのは 2.5 万円となる。このように，ふるさと納税の寄付者が経済的利益を得る反面，国と地方自治体が

---

3) ただし，地方交付税を通じて補塡されるため，交付団体のみである。したがって，一部の不交付団体は住民に対して寄付の再考を促している。中野区ホームページ（2023）など。

4) ここでは，寄付者が課税所得 500 万円の「単身の給与所得者」であることが仮定されており，自己負担を除いたふるさと納税額の全額が控除の対象となっている。控除額は，自己負担を除いたふるさと納税額 (a) をベースに，所得税からの控除 (b)，住民税からの控除（基本分）(c)，住民税からの控除（特例分）(d) のそれぞれを計算して合計する。(b) は (a) × 所得税率，(c) は (a) ×10%，(d) は (a) ×（100%−10%−所得税率）によって算出されるが，(d) が住民税所得割額の 2 割を超える場合は (d) は住民税所得割額 ×20% となる。また，全額控除されるふるさと納税の上限額は (b) と (c) が総所得等をベースに計算され，(d) が住民税所得割額をベースに計算されるため，所得や家族構成によって異なることになる。

5) ▲ はマイナスを表す。

財政的な負担を負うことになり，橋本 (2019) が指摘するように「実質的には国と地方自治体の負担で，返礼品購入に多額の補助金を交付」している状況ともいえる。なお，本稿の分析では，ここに挙げた返礼品の調達にかかる費用と間接費（返礼品費用），住民税控除額を考慮する。

3　先行研究

ふるさと納税に関する実証分析には，ふるさと納税受入額の決定要因を分析した武者 (2019)，寄付者のモチベーションに着目した保田 (2016)，西村・石村・赤井 (2017)，高橋・要藤・小嶋 (2018)，Yamamura, Tsutsui and Ohtake (2021)，自治体間の返礼品競争に着目した深澤 (2019)，末松 (2020)，ふるさと納税が地方自治体の費用効率性に及ぼす影響に着目した深澤 (2021)，Ogawa and Kondoh (2022) がある。

武者 (2019) では，北海道内市町村のクロスセクション・データ (2017年) を用いた分析により，返礼率が高いことや，カニや牛肉といった他地域との差別化が図られている返礼品がふるさと納税受入額を増やすことを明らかにしている。保田 (2016) は，北海道上士幌町や北海道東川町を対象としたアンケート調査から，訪問歴や居住歴など何らかのつながりがあることが返礼品以外のふるさと納税のきっかけになっていることを明らかにしている。また，西村・石村・赤井 (2017) や高橋・要藤・小嶋 (2018)，Yamamura, Tsutsui and Ohtake (2021) では，返礼品が重要ではあるものの，利他的ないしは互酬的なモチベーションが存在することが示されている。深澤 (2019) と末松 (2020) では，返礼率をめぐって自治体間競争が生じている可能性が示されている。このことは，武者 (2019) の結果とも整合的である。

深澤 (2021)，Ogawa and Kondoh (2022) は，ふるさと納税を受け入れた自治体で非効率な公共サービス供給が行われる可能性について実証分析を行ったものであり，本稿と問題意識を同じくする。しかしながら，深澤 (2021) ではクロスセクション・データが用いられており，固定効果がコントロールされていない可能性がある。また，ふるさと納税の依存度については 2019 年度のデータを用いている。2019 年度は地方税法の改正によってふるさと納税の受

入額が前年度より減った年でもあり，このような一時的なショックをコントロールできていない可能性がある。一方，Ogawa and Kondoh (2022) ではパネルデータが用いられているものの，日本以外の既存研究との比較を重視した結果，地方公共サービス水準が5つの指標のみで測られており，わが国の地方自治体が提供する公共サービスを網羅しているとはいいがたい。本稿は，パネルデータを用いているだけではなく，鷲見 (2021) にならった方法で13の指標で地方公共サービス水準を測っており，網羅性についても考慮している[6]。これらのことは本稿の貢献だといえる。

4　仮　説

　総務省「ふるさと納税研究会報告書」では，各地方自治体に「たゆまぬ経営改善努力」が求められるとしている。ところが，地方交付税や法人税がそうであるように，ふるさと納税も他地域の住民によって負担される財源である[7]。赤井・佐藤・山下 (2003) では，住民が地方交付税の分だけ公共サービスの供給コストを過小に評価すること，住民のコスト意識が希薄になることが過大な支出や公共サービス供給における費用効率性の低下につながっていることが示されている。このことは，Eom and Rubenstein (2016) や Kalb (2010) など，日本以外の研究においても示されている。これらの研究を踏まえつつ，ふるさと納税の負担構造を考えると，「たゆまぬ経営改善努力」どころか，ふるさと納税に高く依存する自治体ほど公共サービス供給の費用効率性が低くなっている可能性がある。以上を踏まえた本稿の仮説は次の通りである。

・仮説──ふるさと納税依存率（対標準財政規模）の高い自治体ほど公共サービス供給の費用効率性が低い。

---

6)　もっとも，鷲見 (2021) をはじめ多くの研究で指摘されているように，政府部門の産出量や要素価格を正確に把握することは困難であり，明確な定義も存在していない。

7)　実際には，ふるさと納税制度を通じて税収が減少した分の75％が地方交付税を通じて国から補填される。この地方交付税の財源は寄付を受け入れた自治体の住民も負担していることには留意する必要がある。

5　分析方法とデータ

5.1　分析方法

地方自治体の公共サービス供給における費用効率性を測定するため，本稿では Aigner, Lovell and Schmidt (1977) と Meeusen and van den Broeck (1977) による確率的フロンティア分析 (stochastic frontier analysis : SFA) を用いる。[8] このアプローチにおけるコスト面での非効率性とは，理論的に実現可能な最小のコストと産出量を表す費用関数（フロンティア）と，実際に観測されるコストと産出量の組み合わせとの乖離によって表される。本稿では，パネルデータを用いて費用効率性が時間とともに変化することを捉えるため，Battese and Coelli (1995) による，確率的フロンティア分析をパネルデータに拡張した分析手法を用いる。以下の (1) 式の通り，費用効率性を含むコブ＝ダグラス型の費用関数を用いる。

$$lnC_{it} = \beta_0 + \sum_{r=1}^{s} \beta_{1r} lny_{r,it} + \beta_2 lnw_{it} + v_{it} + u_{it} + \eta_t \tag{1}$$

ここで，C_{it} は地方公共サービスの供給に必要なコストを表す。w_{it} は生産要素価格，y_{it} は地方自治体によって供給される地方公共サービスの産出量である。また，η_t は年度ダミーである。推定すべきパラメーターは β_1，β_2 である。なお，添え字の i は各地方公共団体を表し，t は年を表す。(1) 式には2つの誤差項（v_{it} と u_{it}）が存在する。これらのうち，通常の誤差項である v_{it}

---

[8] 確率的フロンティアを用いる理由として，鷲見（2021）25頁では，非効率性を測定する方法として，確率的フロンティア分析を含むパラメトリック・アプローチは，包絡線分析（DEA）などのノンパラメトリック・アプローチに対して，非効率性に対する経済学的な解釈がしやすく，統計的な検定も容易であるといった点を挙げている。また，パネルデータを用いた確率的フロンティアのモデルとしては，非効率項を時間可変とする，true fixed model や true random model があるが，非効率性の要因を同時推定により明らかにできる Battese and Coelli (1995) のモデルが本稿の分析目的には最も適していることから，これを用いた。さらに，ふるさと納税の受け入れは地方自治体にとっては最大化すべき目的であり，アウトプットであるから確率的フロンティア分析になじまないという指摘もあろう。しかしながら，すべての自治体がふるさと納税による収入の最大化を目的にしているとはいえないと思われるし，ふるさと納税による収入の獲得に熱心な自治体も寄付額をコントロールできるわけではない。本稿では，ふるさと納税に関する1期ラグを用いることで，ふるさと納税による収入が当該年度の財政行動に対して外生的であると想定した。

は正規分布 $N(0, \sigma_v^2)$ に従う。一方，u_{it} は非効率性を表すランダムな誤差項である。非効率性はフロンティアとの乖離によって表されるため，$u_{it} > 0$ であり，u_{it} は0で切断された切断正規分布 $N(z_{it}\delta, \sigma_u^2)$ に従うと仮定される。ここで，z_{it} は非効率性の決定要因を表すいくつかの変数である。非効率性を表す誤差項 u_{it} は次の (2) 式の通り，非効率性の決定要因を表すいくつかの変数 z_{it} によって説明される。

$$u_{it} = \sum_{j=1}^{J} \delta_j z_{j,it} + \varepsilon_{it} \tag{2}$$

$\delta_j, j = (1, \cdots, J)$ は推定すべきパラメーターである。ε_{it} は，$-z_{it}\delta$ で切断された切断正規分布 $N(0, \sigma_u^2)$ に従うと仮定される。Battese and Coelli (1995) では，この (1) 式と (2) 式を最尤法によって同時推定する。

(1) 式における生産要素価格には公務員の平均労働賃金を用いることができるが，地方公共サービスの産出量を直接観察することはできない。したがって，赤井・佐藤・山下 (2003) や鷲見 (2021) では，住民が消費する地方公共サービスの水準を間接的な産出量と見なしている。ただし，地方自治体によって供給される地方公共サービスは多岐にわたるため，各地方公共サービスの水準をすべて網羅した統一的な地方公共サービス水準を算出することは難しい。地方自治体の費用効率性を測定した研究としては，De Borger et al. (1994) および De Borger and Kerstens (1996) が嚆矢であり，彼らの研究とそれに続く多くの研究が次の指標を地方公共サービスの水準を表す指標として用いている。すなわち，小学校の児童数，幼稚園数，レクリエーション施設数，人口，65歳以上人口，社会保障に加入している被雇用者数，失業率，人口密度，宿泊施設数，移民人口比率などを偏差値化したものである。また，本稿と同じようにふるさと納税が地方自治体の費用効率性に与える影響を分析した Ogawa and Kondoh (2022) でもこれらを用いている。これらの指標を用いることは，De Borger et al. (1994) および De Borger and Kerstens (1996) に続く多くの研究との比較が容易になるという利点があるものの，それぞれの指標に重みづけがなされていない点や，わが国の地方財政の実情と必ずしも合致していない指標（移民人口比率など）が存在する点では課題がある。そこで，鷲見 (2021) では，18の地方公共サービス指標にウエイトをかけて11の地方

公共サービス指標を算出し，さらにウエイトをかけて1つの地方公共サービス水準を構築している。鷲見 (2021) では，この手法によって算出された地方公共サービス水準は，普通建設事業費と公債費を除いた経常経費の 80% 程度を網羅しており，各ウエイトにも実際の歳出構成が反映されているため，わが国の地方財政の実情に沿っているとしている。そこで，本稿ではこの手法にしたがって地方公共サービス水準 g_{it} を構築し，用いる。なお，詳しい手法は次項で述べる。

(2) 式における非効率性の決定要因を表す z_{it} には，次の変数を用いる。すなわち，地方交付税依存度（普通交付税額／標準財政規模）と法人税依存度（法人住民税額／地方税額），ふるさと納税依存度（ふるさと納税受入額／標準財政規模）である。これらのうち，赤井・佐藤・山下 (2003) では，高い地方交付税依存度と法人税依存度が地方自治体の非効率性をもたらすことが示されている。なお，いうまでもなく，本稿が最も注目するのは，ふるさと納税依存度である。なお，第2節で述べたように，各自治体はふるさと納税制度のもとで単にふるさと納税を受け取るだけではなく，住民税からの控除と返礼品に関する費用を負担している。そこで，分析では住民税控除額と返礼品費用を考慮したネットのふるさと納税依存度も用いる[9]。

以上を踏まえた本稿の推定モデルは，次の (3) 式と (4) 式で表される。

$$lnEXP_{it} = \beta_0 + \beta_1 lng_{it} + \beta_2 lnWAGE_{it} + \beta_3 lnPOP_{it} + \beta_4 lnOLD_{it}$$
$$+ \beta_5 lnYOU_{it} + v_{it} + u_{it} + \eta_t \tag{3}$$

$$u_{it} = \delta_1 HTD_{it-1} + \delta_2 LAT_{it-1} + \delta_3 CTAX_{it-1} + \varepsilon_{it} \tag{4}$$

ここで，(3) 式の EXP_{it} は，地方自治体の歳出である。ベースライン推定では，普通建設事業費と公債費を除いた経常経費（人件費，物件費，維持補修費，扶助費，補助費），この経常経費から返礼品費用（返礼品の調達や送付にかかる費用）を除いたもの，歳出合計を用いる。さらに，歳出構造が異なる可能性を考慮して，サンプルから国土交通省の離島振興対策実施地域（2022年4月1日

---

[9] 交付団体の場合，住民税控除額の 75% が地方交付税によって補塡される。本稿におけるネットのふるさと納税依存度を用いた分析では交付団体のみを対象としているため，ふるさと納税受入額から住民税控除額の 25% と返礼品費用を差し引いてネットのふるさと納税依存度を計算している。

現在) の86団体を除いた分析も行う。ベースライン推定に加えて, 経常経費を義務的経費 (人件費, 物件費, 扶助費) とそれ以外 (維持補修費, 補助費) に分けた追加的推定も行う。g_{it} は地方公共サービス水準, $WAGE_{it}$ は公務員の平均給与月額である。また, 地方自治体の公共サービス供給費用を決定する要因として次の3つの変数を (3) 式に加えている。すなわち, POP_{it} は人口, OLD_{it} は65歳以上人口, YOU_{it} は15歳未満人口を表す。(4) 式の HTD_{it} はふるさと納税依存度, LAT_{it} は地方交付税依存度, $CTAX_{it}$ は法人税依存度を表す。また, $\beta_n, n = (1, \cdots 5)$ と $\delta_n, n = (1, \cdots, 3)$ は推定すべきパラメーターである。(4) 式における説明変数が費用の非効率性をもたらしている場合, δ_n は正の値をとる。誤差項および添字は (1) 式および (2) 式と同様である。なお, (4) 式では, 同時性バイアスに対処するため, 1期前の説明変数を用いている。[10][11]

分析モデルをまとめると次の通りである。

・ベースライン推定：経常経費, 返礼品費用を除いた経常経費, 歳出合計, 経常経費 (サンプルから離島振興対策実施地域を除く)

・追加的推定：経常経費, 義務的な経常経費, それ以外の経常経費, いずれもネットのふるさと納税依存度

5.2 地方公共サービス水準の算定

本稿では, 鷲見 (2021) に従って, わが国の地方自治体が供給する地方公共サービスを一定程度網羅した地方公共サービス水準 g_i を構築する。地方公共サービス水準は次の (5) 式の通りであり, これを3段階で算出した。以下で示す地方公共サービス水準の算出に用いる変数については表1にまとめた。

$$g_i = \sum_s^5 (\alpha_s (\sum_{sh}^{12} \theta_{sh} sscore_{i,sh})), \sum_s^5 \alpha_s = 1, \sum_{sh}^{12} \theta_{sh} = 1 \qquad (5)$$

---

10) なお, Lampe, Hilgers and Ihl (2015) など, 非効率性の決定要因として人口密度を用いている研究があるが, 人口密度で表される規模の経済性はコブ＝ダグラス型費用関数のパラメーターで捉えられるため, 本稿の分析では変数として加えていない。

11) たとえば, 地方交付税によって生じるコストの増加が同時期の地方交付税算定に含まれている可能性がある (赤井・佐藤・山下, 2003)。

3 ふるさと納税制度と地方自治体の費用効率性に関する実証分析

表1　地方公共サービス指標とウエイト

分野	項目	ウエイト（分野）2010～19	ウエイト（分野）2015～19	ウエイト（項目）2010～19	ウエイト（項目）2015～19	指標
民生費		0.328	0.344			
	老人福祉費			0.345	0.338	65歳以上人口当たり病床数，65歳以上人口当たり介護老人福祉施設定員数
	児童福祉費			0.655	0.662	0～4歳人口当たり保育所定員数
教育費		0.156	0.152			
	幼稚園費			0.055	0.058	0～4歳人口当たり幼稚園児数
	小学校費			0.278	0.265	小学校児童当たり教員数
	中学校費			0.168	0.156	中学校生徒当たり教員数
	社会教育費			0.226	0.232	人口当たり公会堂・市民会館数，人口当たり博物館・図書館数
	保健体育費			0.272	0.289	人口当たり体育施設数
衛生費		0.146	0.145			
	清掃費			0.490	0.490	人口当たりごみ処理量
	保健衛生費			0.510	0.510	人口当たり保健センター数
総務費		0.208	0.198			
	総務管理費			1.000	1.000	人口当たり集会所数，人口当たり庁舎面積
土木費		0.161	0.161			
	道路橋梁費			0.351	0.351	1 km² 当たり道路延長
	都市計画費			0.649	0.649	人口当たり公園面積

（出所）　筆者作成。

(1) ウエイトの算出

第1段階では，総務省「地方財政統計年報」から民生費（老人福祉費，児童福祉費），教育費（幼稚園費，小学校費，中学校費，社会教育費，保健体育費），衛生費（清掃費，保健衛生費），総務費（総務管理費），土木費（道路橋梁費，都市計画費）の5分野の歳出合計に占める割合を各分野のウエイト $\alpha_s, s = (1, \cdots, 5)$ とする。次に，各分野の歳出合計に占める各項目の割合を各項目のウエイト $\theta_{sh}, sh = (1, \cdots, 12)$ とする。

(2) 地方公共サービス指標の構築

第2段階では，各項目の地方公共サービス指標を偏差値化したものを地方公共サービス指標 $sscore_i$ として算出する。地方公共サービス指標は，65歳以上人口当たり病床数，65歳以上人口当たり介護老人福祉施設定員数，0～4歳人口当たり保育所定員数，0～4歳人口当たり幼稚園児数，小学校児童当た

り教員数，中学校生徒当たり教員数，人口当たり公会堂・市民会館数，人口当たり博物館・図書館数，人口当たり体育施設数，人口当たりごみ処理量，人口当たり保健センター数，人口当たり集会所数，人口当たり庁舎面積，1 km^2 当たり道路延長，人口当たり公園面積である。人口は総務省「住民基本台帳市区町村別年齢階級別人口」から用いた。病床数は厚生労働省「医療施設調査」，介護老人福祉施設定員数は内閣府「経済・財政と暮らしの指標の見える化データベース（20.介護老人福祉施設定員数）」，保育所定員数は厚生労働省「社会福祉施設等調査」，幼稚園児数・小学校児童数・小学校教員数・中学校生徒数・中学校教員数は総務省「統計で見る市区町村のすがた」，公会堂数・市民会館数・博物館数・図書館数・体育施設数・ごみ処理量・保健センター数・集会所数・庁舎面積・道路延長・公園面積は総務省「公共施設状況調経年比較表」から用いた。

(3) **地方公共サービス水準の構築**

第3段階では，地方公共サービス指標 $sscore_i$ に各項目のウエイト θ_{sh} をかけて分野ごとに合計し，さらに各分野のウエイト α_s をかけて合計して地方公共サービス水準 g_i を構築した。

5.3 データ

本稿の分析では，2010年から2019年のパネルデータを用いている。ただし，住民税控除額は2015年から，返礼品費用は2016年からしかデータが存在しないため，これらを考慮した分析（ベースライン推定のうち経常経費から返礼品費用を差し引くものと追加的推定）については2016年から2019年のパネルデータを用いる。また，分析の対象となる市町村は次の通りである。現在，わが国の市町村数は1718団体である（2022年9月時点）。そこから，東日本大震災の影響を受けた岩手県・宮城県・福島県の市町村（122団体），2010年から2019年までの間に市町村合併を経験した市町村（54団体），政令市（20団体），2006年に財政破綻を経験した夕張市（1団体）をサンプルから外し，1369団体を分析対象とした。さらに，追加的推定では交付団体のみを対象としているため，1354団体が分析対象となっている。費用関数のうち，経常経費は総務省「市町村別決算状況調」，平均給与月額は総務省「給与・定員等の調査結

3 ふるさと納税制度と地方自治体の費用効率性に関する実証分析　143

表2　分析に用いる変数の記述統計量（ベースライン推定）

	平　均	標準偏差	最小値	最大値
確率フロンティア関数				
経常経費（千円）	14,400,000	19,200,000	634,234	163,000,000
歳出総額（千円）	23,700,000	29,900,000	1,225,770	260,000,000
地方公共サービス水準	50	4.953	42.436	85.599
平均給与月額（円）	317,539.3	18,192.51	254,900	389,200
人口（人）	57,957.65	84,151.53	701	639,598
65歳以上人口（人）	14,938.79	20,115.37	255	159,371
15歳未満人口（人）	7,611.937	11,479.56	53	86,302
非効率項				
ふるさと納税依存度（％）	0.015	0.119	0	9.796
法人税依存度（％）	0.069	0.034	0.005	0.601
地方交付税依存度（％）	0.427	0.241	0	0.867

（出所）　筆者作成。

表3　分析に用いる変数の記述統計量（追加的推定）

	平　均	標準偏差	最小値	最大値
確率フロンティア関数				
経常経費（千円）	14,573,160	19,949,990	904,924	163,000,000
経常経費のうち義務的経費（千円）	11,893,090	17,407,200	691,688	151,000,000
経常経費のうち義務的経費以外（千円）	2,681,246	2,884,266	100,309	27,500,000
地方公共サービス水準	50.145	5.692	40.957	88.043
平均給与月額（円）	309,057.1	16,288.830	254,900	361,900
人口（人）	514,515.840	82,851.540	701	639,598
65歳以上人口（人）	15,583.940	21,764.630	255	159,371
15歳未満人口（人）	6,873.024	10,934.850	53	85,381
非効率項				
ネットのふるさと納税依存度（％）	-0.504	0.627	-6.629	3.650
法人税依存度（％）	0.032	0.027	0.0051	0.463
地方交付税依存度（％）	0.447	0.233	0.00008	0.878

（出所）　筆者作成。

果等」から用いた。また非効率性をもたらす説明変数である地方交付税依存度（普通交付税額／標準財政規模）と法人税依存度（法人住民税額／地方税額）は総務省「市町村別決算状況調」、ふるさと納税依存度（ふるさと納税制度を通じた寄附の受入額／標準財政規模）は総務省「ふるさと納税に関する現況調査結果」から用いている。各変数の記述統計についてはベースライン推定を表2に，追加

的推定を表3にまとめた。

5.4 分析結果

推定結果については，ベースライン推定の結果を表4に，追加的推定の結果を表5にまとめた。表4の推定結果のうち，モデル (1.1) は最も基本的なモデルである。この結果の頑健性を確認するため，次の3つの推定を行っている。モデル (1.2) は費用関数の被説明変数を経常経費ではなく歳出合計としたもの，モデル (2) は分析対象となる団体から国土交通省の離島振興対策実施地域（2022年4月1日現在）の86団体を除いたもの，モデル (3) は費用関数の被説明変数である経常経費から返礼品費用を除いたものである。表5の推定結果は，いずれもふるさと納税の受入額から住民税控除額と返礼品費用を差し引いてネットのふるさと納税依存度を算出し，用いている。なお，表4の推定には交付団体のみが含まれる。また，表5のモデル (1) と (2)，(3) は費用関数の被説明変数が異なる。すなわち，モデル (1) は経常経費（表4のモデル (1.1) と同様），モデル (2) は経常経費のうち，義務的経費のみ（人件費，物件費，扶助費），モデル (3) はそれ以外（維持補修費，補助費）である。

まず，$\sigma^2 = \sigma_v^2 + \sigma_u^2$ と $\gamma = \sigma_u^2/\sigma_v^2 + \sigma_u^2$ で表現される分散パラメーターに着目すると，いずれも有意に0と異なることが明らかであり，非効率項 u_{it} の存在が確認できる。

次に，非効率性の決定要因に関する推定結果を見てみると，表4のいずれのモデルにおいてもふるさと納税依存度が正に有意である。表4では，経常経費から返礼品費用を差し引いたモデル (3) とそれ以外のモデルでふるさと納税依存度の係数が異なるものの，返礼品費用と住民税控除額を考慮した表5のいずれのモデルにおいてもふるさと納税依存度が正に有意であることは，本稿の仮説の通り，ふるさと納税依存度の高い自治体ほど公共サービス供給の費用効率性が低くなることを示しているのではないかと考えられる。なお，表5の推定結果に着目すると，義務的経費のみのモデル (2) よりもそれ以外のモデル (3) の方がふるさと納税依存度の係数が大きい。これは，法令による制約の厳しい義務的経費よりもそれ以外，すなわち維持補修費や補助費において非効率性が発生しやすい可能性を示しているといえる。

3 ふるさと納税制度と地方自治体の費用効率性に関する実証分析　145

表4　推定結果（ベースライン推定）

被説明変数	(1.1) 経常経費	(1.2) 歳出合計	(2) 経常経費（離島除く）	(3) 経常経費（返礼品費除く）
Stochastic frontier model				
Constant	−2.552***	−1.483***	0.280	−2.345***
	(0.409)	(0.472)	(0.404)	(0.661)
地方公共サービス水準（対数）	1.765***	2.011***	1.680***	1.746***
	(0.028)	(0.034)	(0.028)	(0.045)
平均給与月額（対数）	0.131***	0.073**	−0.049	0.131***
	(0.031)	(0.036)	(0.030)	(0.050)
人口（対数）	0.756***	0.384***	0.618***	0.800***
	(0.028)	(0.034)	(0.029)	(0.048)
65歳以上人口（対数）	0.088***	0.270***	0.196***	0.027
	(0.015)	(0.019)	(0.016)	(0.027)
15歳未満人口（対数）	0.138***	0.315***	0.175***	0.149***
	(0.014)	(0.017)	(0.015)	(0.023)
Year dummy	yes	yes	yes	yes
Inefficiency model				
Constant	−1.336**	−1.076***	−1.484***	−1.171***
	(0.060)	(0.041)	(0.072)	(0.072)
ふるさと納税依存度	0.233***	0.242***	0.244***	0.042*
	(0.021)	(0.021)	(0.021)	(0.022)
法人税依存度	2.006***	2.204***	2.297***	2.221***
	(0.149)	(0.131)	(0.147)	(0.215)
地方交付税依存度	2.192***	2.015***	2.340***	2.048***
	(0.072)	(0.050)	(0.083)	(0.086)
sigmaSq	0.068***	0.062***	0.077***	0.055***
	(0.003)	(0.002)	(0.004)	(0.003)
gamma	0.765***	0.633***	0.799***	0.712***
	(0.018)	(0.024)	(0.016)	(0.029)
Log likelihood value	4701.97	2985.96	4217.707	1983.882
Observations	13690	13690	12830	5476

(注)　1)　括弧内は標準偏差を表す。
　　　2)　*** は1％，** は5％，* は10％水準で有意であることを表す。
(出所)　筆者作成。

なお，法人税依存度と地方交付税依存度もいずれのモデルでも正に有意であり，これは赤井・佐藤・山下（2003）の結果とも一致している。法人税と地方

表5 推定結果（追加的推定）

被説明変数	(1) 経常経費	(2) 義務的経費	(3) それ以外
Stochastic frontier model			
Constant	4.120***	2.559***	3.510***
	(0.619)	(0.621)	(1.293)
地方公共サービス水準（対数）	0.034***	0.030***	0.039***
	(0.001)	(0.001)	(0.002)
平均給与月額（対数）	0.055	0.167***	0.027
	(0.049)	(0.049)	(0.103)
人口（対数）	0.989***	1.010***	0.824***
	(0.003)	(0.003)	(0.007)
65歳以上人口（対数）	0.259***	0.274***	0.033
	(0.027)	(0.028)	(0.062)
15歳未満人口（対数）	0.254***	0.300***	0.053
	(0.023)	(0.024)	(0.051)
Year dummy	yes	yes	yes
Inefficiency model			
Constant	−1.491***	−2.305***	−0.054
	(0.123)	(0.259)	(0.062)
ネットのふるさと納税依存度	0.375***	0.185**	0.345***
	(0.060)	(0.088)	(0.053)
法人税依存度	4.260***	4.102***	2.808***
	(0.396)	(1.056)	(0.401)
地方交付税依存度	2.462***	3.350***	0.923***
	(0.147)	(0.300)	(0.083)
sigmaSq	0.110***	0.138***	0.161***
	(0.007)	(0.013)	(0.006)
gamma	0.905***	0.908***	0.307***
	(0.008)	(0.009)	(0.050)
Log likelihood value	1789.859	1789.442	−2433.794
Observations	5377	5377	5377

（注） 1） 括弧内は標準偏差を表す。
　　　 2） *** は1％，** は5％，* は10％水準で有意であることを表す。
（出所） 筆者作成。

　交付税はいずれも住民が直接負担しない財源であり，地方交付税の公共サービス供給に費用効率性をもたらすと解釈できる[12]。その他の変数（地方公共サービス水準，平均給与月額，人口，65歳以上人口，15歳未満人口）は，いずれも正に有

---

12) 赤井・佐藤・山下（2003）では，地方交付税の場合，単に住民が直接負担しない財源であるというだけではなく，ソフトな予算制約につながっていることが強調されている。

意であり，想定通りの結果となっている。

6 考　察

　本稿の目的は，ふるさと納税制度が地方自治体の公共サービス供給における非効率性を生じさせている可能性について実証分析によって明らかにすることである。ふるさと納税を受け入れる自治体の住民にとって，ふるさと納税とは他地域によって負担される財源である。したがって，住民はふるさと納税が充てられた分だけ公共サービスの供給コストを過小評価するかもしれず，その結果として住民のコスト意識が希薄になれば，「過大な支出・非効率な公共サービスの生産」が誘引されるかもしれないからである。

　本稿の分析では，ふるさと納税依存度が高い自治体ほど公共サービス供給における効率性が損なわれているという結果が得られた。なお，この結果は，ふるさと納税受入額から住民税控除額や返礼品費用を差し引いたネットのふるさと納税受入額を用いても同様であった。

　総務省「ふるさと納税研究会報告書」では，各地自体が寄付を受けるためには「地域の魅力を高めるための継続的な努力」や「たゆまぬ経営改善努力」が求められるとしているが，本稿の分析結果を踏まえると，その制度の理想と現実は乖離しているように見える。同報告書で想定されているように，寄付者が寄付の使いみちやその効果に関心を持つのであれば，「過大な支出・非効率な公共サービスの生産」の緩和要因となるかもしれないが，本稿の分析結果からはその可能性が低いことがうかがえる。ちなみに，寄付者が大きな関心を寄せる返礼品については，「地方に資金が流れても，最終的にポータル事業者への支払いに多く使われることとなれば問題」という指摘も存在する[13]。

　最後に残された課題を述べる。本稿で用いた確率的フロンティア分析では地方公共サービスの質や，住民の効用を考慮することができていない。ふるさと

13）　総務省（2017）「ふるさと納税の返礼品に関する有識者及び地方団体の意見」より。本稿の範囲を超えるものの，はたして寄付の一部が特定事業者に流れ続けることが望ましいのかについては議論の余地がある。ポータルサイトには，返礼品がランキング形式で掲載されるため，特定事業者に支払った経費に見合う宣伝効果が得られていない（他地域の人気のある返礼品の宣伝に使われてしまっている）地方自治体も存在していると思われる。

納税が地方自治体の歳出行動に与える影響を分析する上ではこれらの点を含めて多面的に評価する必要があるだろう。また，本稿の追加的な分析では地方交付税の交付団体を対象とした分析を行っている。交付団体と不交付団体では住民税の控除に対する国からの補填が異なるため，ふるさと納税制度の下での行動が異なるかもしれない。

* 本稿の作成にあたり，日本財政学会第 79 回大会において討論者である Sunghoon Hong 先生（University of Seoul），日本地方財政学会第 31 回大会において討論者である倉本宜史先生（京都産業大学）および赤井伸郎先生（大阪大学），各大会の出席者の方々，Amihai Glazer 先生（University of California, Irvine），Bruno De Borger 先生（University of Antwerp），さらに査読者の先生から貴重な助言をいただいた。ここに記して感謝の意を表す。なお，本研究の一部は JSPS 科研費 21K01535 の助成を受けたものである。

〈参考文献〉

赤井伸郎・佐藤主光・山下耕治（2003）『地方交付税の経済学――理論・実証に基づく改革』有斐閣。

末松智之（2020）「ふるさと納税の返礼率競争の分析」PRI Discussion Paper Series, 20A-04。

鷲見英司（2021）『地方財政効率化の政治経済分析』勁草書房。

高橋勇介・要藤正任・小嶋大造（2018）「ふるさと納税は寄附か――ソーシャルキャピタルの視点からの実証分析」KIER Discussion Paper, 1707。

中野区ホームページ（2023）「その『ふるさと納税』，もう少し考えてみませんか？」〈https://www.city.tokyo-nakano.lg.jp/kusei/kifu/furusato-nouzei.html〉2024.2.15 参照。

西村慶友・石村知子・赤井伸郎（2017）「ふるさと納税（寄付）のインセンティブに関する分析――個別自治体の寄付受け入れデータによる実証分析」日本地方財政学会編『「地方創生」と地方における自治体の役割（日本地方財政学会研究叢書第 24 号）』勁草書房，150～178 頁。

橋本恭之（2019）「ふるさと納税制度と国・地方の財政」『関西大学経済論集』第 69 巻第 1 号，1～23 頁。

深澤映司（2019）「ふるさと納税を背景とした諸現象の本質」『レファレンス』第 69 巻第 3 号，53～79 頁。

深澤映司（2021）「ふるさと納税の受入れに伴う自治体財政の効率性への影響――『財政錯覚』を背景とした技術的効率性の低下の観点から」『レファレンス』第 71 巻第 8 号，

1〜30 頁。

武者加苗（2019）「北海道内市町村におけるふるさと納税受入額の決定要因分析」『札幌大学総合研究』第 11 号，49〜57 頁。

保田隆明（2016）「ふるさと納税のきっかけと動機に関する調査」『日本ベンチャー学会誌』第 27 巻，31〜44 頁。

Aigner, D., C. A. K. Lovell and P. Schmidt (1977) "Formulation and Estimation of Stochastic Frontier Production Function Models," *Journal of Econometrics*, 6 (1), pp.21-37.

Battese, G. E. and T. J. Coelli (1995) "A Model for Technical Inefficiency Effects in a Stochastic Frontier Production Function for Panel Data," *Empirical Economics*, 20 (2), pp.325-332.

De Borger, B. and K. Kerstens (1996) "Cost Efficiency of Belgian Local Governments: A Comparative Analysis of FDH, DEA, and Econometric Approaches," *Regional Science and Urban Economics*, 26 (2), pp.145-170.

De Borger, B., K. Kerstens, W. Moesen and J. Vanneste (1994) "Explaining Differences in Productive Efficiency: An Application to Belgian Municipalities," *Public Choice*, 80 (3-4), pp.339-358.

Eom, T. H., and R. Rubenstein (2006) "Do State-Funded Property Tax Exemptions Increase Local Government Inefficiency? An Analysis of New York State's STAR Program," *Public Budgeting and Finance*, 26 (1), pp.66-87.

Kalb, A. (2010) "The Impact of Intergovernmental Grants on Cost Efficiency: Theory and Evidence from German Municipalities," *Economic Analysis and Policy*, 40 (1), pp.23-48.

Lampe, H. W., D. Hilgers and C. Ihl (2015) "Does Accrual Accounting Improve Municipalities' Efficiency? Evidence from Germany," *Applied Economics*, 47 (41), pp.4349-4363.

Meeusen, W., and J. van den Broeck (1977) "Efficiency Estimation from Cobb-Douglas Production Functions with Composed Error," *International Economic Review*, 18 (2), pp.435-444.

Ogawa, A., and H. Kondoh (2022) "Does Hometown Tax Donation System as Interjurisdictional Competition Affect Local Government Efficiency? Evidence from Japanese Municipality Level Data," MPRA Paper, 115740, ⟨https://mpra.ub.uni-muenchen.de/115740/⟩ 2024.2.15 参照。

Yamamura, E., Y. Tsutsui and F. Ohtake (2021) "An Analysis of Altruistic and Selfish Motivations Underlying Hometown Tax Donations in Japan," *Japanese Economic Review*, 74 (1), pp.29-55.

4 国民健康保険の財政運営において政治的予算循環は発生しているか

星合　佑亮◆

〈要旨〉

　国民健康保険は日本の皆保険制度を支える重要な公的保険である。2018年度に財政運営主体が市町村から都道府県に移管され，保険料設定方法が変更された。本稿では，「政治的予算循環」に基づき，保険料設定に選挙の時期が与える影響を検討する。その結果，選挙を控えた自治体では1人当たり保険料が1000〜1200円程度引き下げられて選挙後に400円程度引き上げられることが示唆され，政治的予算循環仮説と整合的な結果となった。また，人口に占める国保の被保険者数割合が高い地域では選挙前により大きく保険料が引き下げられ（約1800円），選挙後に大きく引き上げられる（約710円）ことも確認された。

1　はじめに

　国民健康保険制度（以下，「国保」）は，日本の国民皆保険制度を支える公的保険の一部である。歴史的に，国保の財政運営の健全化は市町村にとって重要な課題であり続け，制度変更がたびたび実施されている。とりわけ2018年度の制度変更では国保財政に係る資金の流れが大きく変わり，全国の市町村長は新たな基準での保険料の決定を迫られた。本稿ではこの2018年度の制度変更を用いた識別戦略に基づいて，市町村長の選挙での再選動機が財政規律を緩ま

◆　株式会社三菱総合研究所研究員
1)　以後，国民健康保険法の条文の文言に準じて「市町村」とするが，特記のない限り特別区を含む。

せるとする「政治的予算循環」が国保財政において発生していることを検証する。

国保は，従来の公的健康保険で対象外とされていた農家や自営業者，定年退職者，非雇用者を対象とした任意保険制度として1938年に設立され，皆保険制度を支える重要な一部として機能してきた。しかしながら，保険料負担の増加と加入者の支払い能力の低さに起因する財政運営の不安定性はしばしば指摘され，運営主体に関する議論および制度変更がさまざまに行われてきた（小椋・入舩，1990；林，1995；田近・油井，1999；湯田，2010a;2010b；林，2013）。このうち2018年4月に施行された改正では，財政基盤の安定化などを目的として国保財政運営責任を市町村から都道府県へ移行することが決定された。具体的には，都道府県が各市町村の「標準保険料」を決定し，各市町村はそれに基づいて実際の保険料を決定するとともに「標準保険料」と「実際の保険料」の両方を公表することが定められた。また同制度変更では国から約3400億円の追加的な財政支援も定められており，これらによって「都道府県内での保険料負担の公平な支え合い」と「サービスの拡充と保険者機能の強化」との2つの効果が期待されている（厚生労働省「国民健康保険制度における改革について」）。以上の通り，市町村による適正な保険料の設定は，国保財政運営ひいては市町村財政の健全化に向けての重要な論点である。

市町村のような地方政府の政策決定には，しばしば政治的要因が介在することが知られている。このことを捉える理論モデルはこれまでさまざまに提案されてきた（Persson and Tabellini, 2002）が，この一類型として，キャリア関心モデル（career concern model）がある。このモデルでは，政治家が自らのキャリアや選挙での当選を重要視するために政策を歪ませる，とくに選挙を控えた政治家が有権者に好まれる政策を採ることで予算循環に歪みが生じることが指摘される。その予算循環の歪みは「政治的予算循環」(political budget cycles：PBC) と呼ばれ，Nordhaus (1975) と Tufte (1978) にモデル化されて以降，盛んに研究が行われた。De Haan and Klomp (2013) や Dubois (2016) にはPBCに関する論文が広範にまとめられている。Besley and Case (1995) は1950年から1986年のアメリカの州知事の任期制限（term limit）を利用し，任期制限により次回選挙に立候補できない州知事は歳出を増やし，再

選動機を有する者はより有権者に好まれる政策を採ることを実証した。外生的に定められた任期制限を再選動機の欠如と見なして政策決定への影響を論じる分析としては他に，アメリカについてのLowry, Alt and Ferree（1998）やAlt, Bueno de Mesquita and Rose（2011），イタリアを対象としたCoviello and Gagliarducci（2017）などがある。また一連の研究では，報道などによる予算過程の透明度の上昇や民主主義の成熟によって政治的予算循環が小さくなることが報告されている（Alt and Lassen, 2006 ; Shi and Svensson, 2006 ; Ferraz and Finan, 2011）。一般に，政治家が有利なタイミングで選挙を行えば選挙年は内生的に決定されうる（Ito and Park, 1988）ため，外生的な制度変更等を用いた識別戦略（identification strategy）を採る必要性が強く指摘される（Revelli and Bracco, 2020）。

　日本においても政治的予算循環をめぐる研究蓄積がある。Ito（1990; 1991）やHeckelman and Berument（1998）は，国政に焦点を当てて日本の政治的予算循環の存在を検証した草分け的な研究である。近藤（2008）は国会議員の選挙タイミングと公共投資支出の関係性について分析し，一部で選挙を控えた政治家が支出を増加させる効果を検出しているが，政治的予算循環の存在を決定づける結論は得られていないとしている。さらに日本の地方選挙においては，原則として首長の4年の任期満了に伴って選挙が実施されるが，首長の死亡等の過去のイベントによって選挙のタイミングにはばらつきが生じている。このことを用いて地方選挙のタイミングと政策の相関を観察した最初期の研究がFukumoto and Horiuchi（2011）である。FukumotoとHoriuchiは選挙を控えた自治体で有意に人口が増加していることを確認し，現職が次回選挙の得票のために有権者を動員している可能性を示唆した。以来，市町村長選挙のタイミングの（準）外生性は政治的予算循環についての識別戦略としても用いられてきた。Takaku and Bessho（2018）は首長選挙の年における市立病院の医師数の増加と大学病院の医師数の減少を確認し，現職が再選のために「観察可能で有権者に優しい」(visible and voter-friendly) 公共財支出を増加させていると解釈している。Fukumoto, Horiuchi and Tanaka（2020）は首長選挙と議員選挙のそれぞれのタイミングを用いて政治的予算循環を検証した。前者について，選挙を間近に控えた自治体が歳出を有意に増加させていることが示唆さ

れた一方で、歳入側への影響は確認されなかった。このように、政治的予算循環仮説の日本での適用可能性については、いまだ結論の一致を見ていない。

本稿の目的は、国保の財政運営に係る2018年度の制度変更を対象として市町村長選挙の時期と保険料決定の関係を分析し、日本における政治的予算循環を検討することである。国保の高い保険料と財政運営の健全化の必要性はしばしば報道にも上がっており（たとえば、平岡, 2023）、保険料を負担する加入者、特別会計への繰入金を負担する非加入者にも関心の高い課題の1つであると思われる。それゆえ、再選のために有権者にアピールしたい首長にとっても保険料決定は重要な政策であると考えられる[2]。本稿では、Fukumoto and Horiuchi（2011）と同じく選挙のタイミングの外生性を識別に用いて選挙と保険料決定の関係を分析する。本稿の貢献は、これまで直接に検討されたことのない国保保険料への政治的影響を識別し、国民皆保険体制維持のために重要な国保料の決定に歪みが生じている可能性を示したことにある。

本稿の結果は次の通りである。第1に、選挙を間近に控えた自治体は1人当たり保険料を1000～1200円程度引き下げて選挙後に400円程度引き上げることが示唆され、政治的予算循環仮説と整合的な結果を得た。第2に、人口に占める国保の被保険者数割合が高い地域では選挙直前により大きく保険料を引き下げて（約1800円）選挙後に大きく引き上げる（約710円）ことが確認された。この結果は、次回選挙での再選のために政策を通じて有権者にアピールするインセンティブは、その政策の対象となる人びとの割合が高い地域においてより顕著であるという仮説を支持するものである。

本稿の構成は以下の通りである。第2節では国民健康保険制度の全体像および2018年度の制度変更の解説を加えたのち、市町村長選挙と保険料決定に関する仮説を提示する。第3節でデータを説明して第4節では識別戦略と回帰式が提示され、続く第5節で分析結果がまとめられる。第6節では追加分析として国保の被保険者割合による選挙変数の効果の異質性を検証する。第7節はまとめに充てられる。

---

[2] 例として、全国の選挙情報をまとめた「選挙ドットコム」によると、2023年4月に首長選挙の投開票が行われた東京都の12の区のうち5区で、首長候補者のうち少なくとも1人が「保険料の引き下げ」を公約として掲げている。

2 制度的背景

本節では，神田・長友 (2017) の第 1 章に準拠しながら国民健康保険制度の概要とその財政運営における論点を提示し，次に本稿の注目する 2018 年度の制度変更の内容とその目的，ありうる影響について論じる。

2.1 2017 年度以前の制度

市町村が運営する国民健康保険制度（以下，「市町村国保」）は，被用者保険や後期高齢者医療制度から漏れた無職や非正規雇用の人びとを多く加入者に抱えている。この点で，市町村国保は日本における「皆保険体制」のセーフティネットとして機能しているといえる。厚生労働省実施の「国民健康保険実態調査」によると，市町村国保加入者は 2021 年時点で約 2867 万人を数える。高齢化の進行で後期高齢者医療保険への移行が増加し市町村国保加入者数は減りつつあるが，依然として皆保険体制の大きな役割を担っている。また神田・長友 (2017) は，こうした加入者属性の偏りを背景として，他の公的医療保険に比して市町村国保加入者の平均所得が低く，1 人当たり保険料が高くなっている点を課題として指摘している。

地域保険である市町村国保の保険料の決定は，各市町村によって担われている。市町村は国保運営のための特別会計（国民健康保険特別会計，以下「市町村国保特会」）を設けており，そこでの金銭の流れはおおまかに以下のようであった。市町村はまず，医療保険の主目的である「保険給付費」（被保険者が医療サービスを受けたときの自己負担分を除く給付）とその他保険の運用に要する歳出から，上位政府から受け取る各種交付金や一般会計からの繰入金（後述）などを差し引いた分を「保険料（税）」として被保険者から徴収する。その保険料（税）（以下，簡易化のために「保険料」と記述）の算出にあたっては，住民の所得と資産，すなわち支払い能力に応じて賦課する「応能割」と，世帯や加入人数に対して付加する「応益割」との組み合わせで市町村から住民に賦課額を提示する。なお，低所得者世帯に対する保険料の賦課に際しては，所得に応じて応益割を 2 割から 7 割軽減することが国民健康保険法によって定められている。

またこの法定減免とは別に，条例で定める独自の減免制度を採っている市町村も多く存在する。

　加入者から直接に徴収される保険料は市町村国保特会の主要な歳入であるが，他方の重要な歳入源として，一般会計からの繰入がある。国民健康保険法では，「国民健康保険財政の安定化及び保険料（税）負担の平準化に資することを目的」(附則第12項) とした一般会計からの繰入は認められており，これを「法定繰入」と呼ぶ。一方，市町村の自主的な判断によって行う繰入は「法定外繰入」と呼ばれ，この多くが決済補塡を目的として行われることなどから，適正な運用が求められている。これらの点について，次項で詳細に議論する。このように，2017年度以前のおもな歳入は，上位政府からの補助金・交付金，自地域の被保険者から徴収する保険料，そして一般会計からの繰入金であり，おもな歳出は保健事業費であった。

2.2　市町村国保財政をめぐる論点

　市町村国保財政については，加入者の高齢化や国庫負担の不十分さに加え，小規模保険者の増加や収納率の減少などの問題も存在し，1990年代から多くの研究蓄積の下で政策的提言が行われてきた（たとえば，小椋・入舩，1990；林，1995；田近・油井，1999；湯田，2010a; 2010b）。大きな論点は以下の2つである。第1に，保険料の地域間格差である。厚生労働省 (2018) では，都道府県間および都道府県内市町村の保険料水準の格差が可視化されている。ここでは，制度変更前の2017年度の市町村国保において全国の市町村（保険者）レベルでは最大3.4倍の標準化保険料の格差が生じていることなどが示されており，とくに地方部における市町村国保財政の負担の大きさが看取される。

　第2の論点は，各種交付金や法定外繰入がもたらしうる財政運営の非効率性やソフトな予算制約の問題である。決算補塡を目的とした一般会計からの繰入は，市町村国保非加入者も含む人びとから徴収した地方税を財源としており，これが受益者負担を旨とする保険原理を損なっているとの指摘がある (Yuda, 2016)。法定外繰入は市町村国保特会の赤字部分を意味し（西沢，2014），これが市町村国保財政の運営健全化への道筋を見えづらくしている可能性がある。こうした議論のうえに，2019年度の政府の骨太方針で「法

定外繰入等の早期解消を促す」(内閣府, 2019, 62頁) という文言が盛り込まれた。一方で，市町村国保の公的保険としての性質や保険料の地域間格差を鑑みて，法定外繰入は市町村国保の運営上必要であるとの見解もある（神田・長友, 2017；初村, 2018）。

以上の通り，市町村国保財政を運営する市町村とその首長にとって，保険料と法定外繰入額の設定は重要な政策決定であり，市町村国保財政運営に対する，ひいては住民の医療や健康に対する姿勢が大きく反映されると考えられる（神田・長友, 2017）。

2.3　2018年度制度変更とその目的

このような課題を背景として，市町村国保の運営に関する制度変更が2015年に法定，2018年4月から施行された。この制度変更では，歳入項目の交付金・補助金額が大きく拡大し，歳出として都道府県への「納付金」が新たに加わったうえ，各市町村の「標準保険料」が都道府県によって算出・公表されることとなった。本項ではこのそれぞれについて説明を加える。

2018年度の変更では，国から追加的に約3400億円の財政支援を行うことで市町村国保料負担を軽減するとともに，都道府県にも新たに国民健康保険特別会計が設置され財政運営の責任主体が市町村から都道府県に移管された。とくに後者によって，市町村国保財政の流れは以下のようになった。都道府県は，まず自地域の人口構成等を勘案して歳出額を推計し，国庫補助を差し引いた「納付金総額」を算出する。続いてその総額を年齢リスク構造調整を経た医療費，人口シェア，所得シェアに応じて各市町村に按分し，それぞれが都道府県に対して納めるべき「納付金」の額を各市町村に対して決定し，提示する。そしてこのとき，新たに都道府県が各市町村に対して「標準保険料」を算出・公表することが定められた（国民健康保険法第82条の3）。都道府県は，各市町村が国保財政を運営するために必要な「保険料必要額」をそれぞれに算出し，その必要額に基づいて，「市町村規模別の収納率目標等，市町村が保険料率を定める際に参考となる事項についての標準を設定するとともに，当該標準等に

基づいて市町村ごとの標準保険料率を示す」(厚生労働省，2015，3頁)こととなった。市町村は，以上の都道府県への歳出としての「納付金額」と保険料の参照基準としての「標準保険料」との通達を受け，ここに国と都道府県からの補助金・交付金および自地域の一般会計からの繰入などからなる歳入と事業費等の歳出を足し引きし，納付金を賄うための保険料を被保険者に賦課する。

このように，国保財政の資金の流れが大きく変わり，さらに「標準保険料」という参照値が新たに設けられた2018年度の制度変更によって，すべての市町村が新たな基準で保険料を定める必要に迫られた。

2.4 仮説——選挙と保険料

以上の市町村国保財政をめぐる議論に基づいて，2018年度の制度変更で新たな基準での保険料決定を迫られた首長の保険料決定において，政治的予算循環仮説が成立していることを検証する。すなわち，選挙を間近に控えた首長が，次の選挙での再選のために保険料を下げて有権者にアピールするという仮説が立てられる。

このような行動は首長の再選動機に起因しており，保険料や法定外繰入は再選確率の大きさにも影響されると考えられる。そこで，再選確率に関する次の2つの選挙変数を検討する。第1に，無投票で当選した首長は保険料を高く設定するという仮を置く。なぜなら，首長選挙の無投票当選は選挙の競争率の低さを意味し，無投票当選した首長は有権者にアピールするインセンティブが弱いと考えられるからである。第2に，当選回数も再選確率に影響するかもしれない。ただしその方向は2通り考えられる。すなわち，当選回数の多さが政治家としての能力の高さを意味する場合，当選回数の多い首長は他に比べて保険料を低く抑えられるかもしれない。他方，当選回数の多さが選挙の競争率の低さを意味する場合，彼／彼女は有権者にアピールするインセンティブが弱く，保険料を高く設定することが考えられる。

ある年の保険料が政治的要因によって引き下げられることは，国保特会の歳

---

3) 応益割（円）と応能割（％）とに分けて算出されるために公的文書内では「標準保険料率」という文言で説明されるが，本稿において簡単のため「標準保険料」とのみ記しているものと同一である。

入の減少を意味する。その場合，特別会計をバランスさせるために会計上で何らかの調整がなされることが予想される。その経路については次の2つの仮説が立てられる。第1に，同一年度で別の歳入を増やすか歳出を減らすことによる調整である。このうち，項目の増減に首長の裁量権が大きいと考えられるのが一般会計からの繰入である。歳入のうち法定外繰入の部分は法定外ゆえに考慮されておらず，保険料水準と比べて有権者に観察されづらい性質上，再選動機による保険料の引き下げと同時に法定外繰入が増やされている可能性が考えられる。よって，選挙を控えた首長は，保険料引き下げによる歳入減少分の補塡のために一般会計からの繰入金，とくに法定外繰入を増やしている可能性がある。第2に，複数年度での保険料の調整である。とくに今回の枠組みにおいて2018年度の保険料が引き下げられている場合，翌年の2019年度の保険料を高く設定することによって2年度間で歳入歳出を調整することが考えられる。

以下では，これらの仮説を検証するため，まずクロスセクション分析で選挙に関わる諸変数と保険料水準の関係を分析する。次に，国保特会の調整に関わる法定外繰入や複数年度にわたる分析を行う。

3 データ

3.1 データの所在

使用する変数とその所在について説明する。分析にあたっては，市町村単位の保険料と選挙に関する変数をおもに用いる。保険料については厚生労働省が各年度で取りまとめる「国民健康保険事業年報」(以下，「事業年報」)，被保険者数については厚生労働省「国民健康保険実態調査」，選挙に関しては公益財団法人地方自治総合研究所の「自治体選挙結果調査」より取得した。また，法定外繰入額等の国保財政に関しては総務省「地方財政状況調査」の「国民健康保険事業会計（事業勘定）決算の状況」からデータを得た。

3.2 変数の準備

「保険料」変数として，下記の3通りの変数を準備する。なお，すべて被保

表 1　記述統計量

年　度 Variable	2018 年度 N	平　均	標準偏差	2019 年度 N	平　均	標準偏差
調定保険料	1517	85988.835	14885.492	1517	87066.428	15336.698
算出保険料	1517	110061.697	25181.929	1517	110737.659	24874.774
標準保険料	1517	123169.416	37981.519	1517	130059.861	36979.378
被保険者数（人）	1517	17210.361	41678.730	1517	16521.889	40072.662
無投票ダミー	1517	37.7%	0.485	1517	37.0%	0.483
当選回数ダミー	1517			1516		
初当選	460	30.3%		489	32.3%	
当選 2 回	413	27.2%		376	24.8%	
当選 3 回	410	27.0%		372	24.5%	
当選 4 回	144	9.5%		193	12.7%	
当選 5 回以上	90	5.9%		86	5.7%	
選挙直前／直後ダミー	1517	40.7%	0.492	1517	40.7%	0.492

（注）　1）　表中，ダミー変数を除き括弧書きのないものの単位は（円/人）である。
　　　2）　選挙ダミーは前年度 4 月 1 日時点の首長の属性を表す。
（出所）　第 3 節に詳述の各種公的統計より筆者作成。

険者 1 人当たりの金額であり，特記のない限り，メイン分析で用いる 2018 年度の数値を示している。被説明変数としては「調定保険料」と「算出保険料」の 2 つの変数を使用する。「調定保険料」は「事業年報」よりそのまま取得した「一人当たり保険料（調定額）」である。この保険料は保険料総額を被保険者数で除した平均値なので，保険料の減免等の存在を考えると，被保険者が支払う保険料の指標としては適切ではないかもしれない。そこで，平均的な被保険者が支払う保険料を「算出保険料」として推計したものも用いる。これは「事業年報」より，各市町村が実際に課した「応益割（円）」と「応能割（％）」および「1 人当たり旧ただし書所得」を用いて算出した 1 人当たり保険料である。2018 年度から新たに設定された「標準保険料」は共変量として用いられる。これは「事業年報」より「市町村標準保険料率（均等割額＋平等割額）」と「市町村標準保険料率（所得割率＋資産割率）」および「1 人当たり旧ただし書所

---

4)　算出保険料の導出方法は，「算出保険料＝応益割＋応能割×1 人当たり旧ただし書所得」である。

図1 保険料・繰入変数の分布

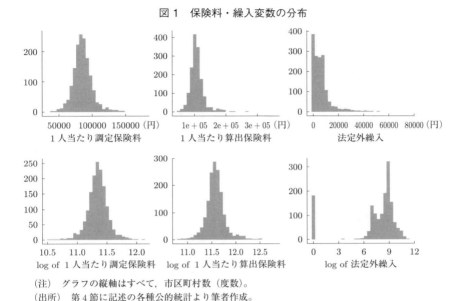

(注) グラフの縦軸はすべて，市区町村数（度数）。
(出所) 第4節に記述の各種公的統計より筆者作成。

得」を用いて算出する[5]。調定保険料と算出保険料との相関係数は0.91であり，強い正の相関を持っている。ただし表1によると金額では調定保険料が算出保険料に比して平均的に小さくなっており，これは市町村が独自に行う保険料軽減・減免措置による差であると考えられる。本稿の主分析では，「調定保険料」と「算出保険料」の両方を使用して頑健性を確認する。またそれぞれの変数の分布が図1に示されており，概して正規分布に近い分布に従っているといえるが，右の裾の広さを考慮してそれぞれの自然対数値を取った分析も行うこととする。

　繰入金については，「国民健康保険事業会計（事業勘定）決算の状況」に「歳入・他会計繰入金」という項目が存在し，さらにその内訳の1つとして「歳入・うち財源補填的なもの」がある。これら2変数を取得し，第2節第1項で述べた国保法の定義より後者をとくに「法定外繰入」として扱うこととす

---

5) 標準保険料の導出方法は，「標準保険料＝市町村標準保険料率（均等割額＋平等割額）＋市町村標準保険料率（所得割率＋資産割率）×1人当たり旧ただし書所得」である。

る。

　一般にある年度の予算や税率の決定は前年度に行われるから，以下の選挙変数はすべて1年分のラグを取り，2017年4月1日時点の首長の属性を表す変数を用いた。まずメインの説明変数として「選挙直前ダミー」を作成した。これは市町村長の任期が原則4年と定められていることを利用したもので，2017年度時点の首長の前回当選日が2013年4月1日以降2015年3月31日以前，すなわち次回選挙が2017年度か2018年度に控えていれば1を取るダミー変数である。再選動機の強さは再選確率の大きさにも依存すると考えられるから，選挙の競争率についての変数も用いた。[6] 選挙の競争率を表す代理変数として「無投票当選ダミー」「当選回数ダミー」を作成した。当選回数ダミーについては，サンプルの偏りから「初当選」「当選2回」「当選3回」「当選4回」「当選5回以上」にそれぞれ1をあてる変数を作成し，分析では初当選ダミーを落としてこれを参照グループとした。

4　実証分析

　これまでの議論に基づき，本稿ではまず選挙変数と保険料の関係性について2018年度のデータを用いてクロスセクション回帰分析を行い，追加的に2018年度と2019年度のデータを用いてDID（difference-in-differences：差の差）分析を行う。

　なお，厚生労働省（2018）にならって東日本大震災による特例措置を受けている市町村が大半を占める岩手県，宮城県，福島県，茨城県の市町村はサンプルに含まないため，N=1517である。記述統計量は表1に示されている。

4.1　識別戦略

　本稿では選挙タイミングの外生性を識別戦略として採用する。日本の地方選挙では，1947年にすべての市町村で首長選挙が一斉に行われた。首長には任期制限はなく，一度の任期は4年と設定されているが，市町村合併や首長

---

[6] 選挙の競争率と財政規律の歪みに関する議論についてはたとえばSkilling and Zeckhauser（2002）を参照。

の死去などの外生的な理由で4年周期の選挙サイクルから外れた自治体もあれば，今日まで4年周期を維持している自治体もある。このことから，選挙タイミングを外生変数として介入群と対照群を分ける分析が行われてきた（たとえば，Fukumoto and Horiuchi, 2011；Takaku and Bessho, 2018）。本稿において，2018年度の制度変更で市町村長は新たな基準による国保料の決定を迫られたが，それによって首長選挙を新たに実施した市町村は確認されていない。よって，保険料決定に対して選挙タイミングは外生的に決まっていると想定される。

前述のように国保の保険料水準には市町村間で散らばりがあるが，政治的要因の影響を検出するにはそれ以外の要因をできるだけ制御する必要がある。一般に，保険料水準は地域ごとの医療体制や人口構成などの諸条件を勘案して決定されると考えられるが，それらの観察可能な変数のみでは十分に制御できないかもしれない。そこで本稿では，重回帰分析の共変量として「標準保険料」と「都道府県固定効果」を用いる。標準保険料は都道府県ごとに統一の基準によって自地域の市町村に対して算出・公表され，この計算およびここで考慮される納付金（同じく都道府県が算出）の計算にあたっては，医療給付費必要額，高齢化率，所得などが勘案されている。これによって諸外的条件を平準化した各市町村の「標準的な」保険料が示され，同一都道府県内の市町村間で保険料が「見える化」される（厚生労働省保険局国民健康保険課，2021）とされていることから，標準保険料を共変量に用いることで政治的要因以外の都道府県内の諸条件を制御できる。また，都道府県固定効果によって都道府県間の標準保険料算出方式の差異が制御でき，全国の市町村間での保険料比較が可能になると考えられる。

パネルデータ分析においても，選挙タイミングの外生性を利用することができる。すなわち，2018年度に低く抑えた保険料歳入減少分を，翌年の2019年度の保険料を高く設定し徴収することで補填しているという仮説の検証のために，DID分析を行う。2018／2019年度でそれぞれ処置前／後として，処置群は2017年度か2018年度に選挙があった自治体，つまりメインのクロスセクション分析で「選挙直前」と定義された自治体とする。それ以外の自治体が対照群である。選挙タイミングは外生的に決まっているため，この設定によ

って，直近に選挙があった自治体で保険料がどれほど引き上げ（下げ）られているかを DID 分析で推定することができる。

4.2 定式化
本稿のメインの回帰モデルは次式である。

$$Y_{ip,2018} = \alpha NearEl_{ip,2017} + \beta OthEl_{ip,2017} + \gamma X_{ip,2018} + \delta_{p,2018}$$
$$+ \epsilon_{ip,2018} \tag{1}$$

各添え字の i, p は都道府県 p に属する市町村 i を意味し，保険料決定のタイミングから選挙変数については 2017 年度の変数を，それ以外は 2018 年度のものを取ることを示す 2017, 2018 の添え字も用いられている。被説明変数 $Y_{ip,2018}$ は市町村 i の調定保険料，算出保険料（いずれも被保険者 1 人当たり）である。$NearEl_{ip,2017}$ は 2017 年 4 月 1 日時点で市町村 i の首長選挙が 2 年以内にある場合に 1 を取る「選挙直前ダミー」であり，この係数 α は負になることが期待される。$OthEl_{ip,2017}$ はその他の選挙に関する変数からなるベクトルである。ここには 2017 年時点の首長が前回選挙で無投票当選していれば 1 を取る「無投票ダミー」と首長の当選回数を 5 つに区分した「当選回数ダミー」が含まれる。$X_{ip,2018}$ は共変量のベクトルであり，市町村 i の被保険者 1 人当たりの標準保険料と市町村 i の被保険者数が含まれる。$\delta_{p,2018}$ は都道府県 p の固定効果（愛知県を基準とした 42 変数のベクトル），$\epsilon_{ip,2018}$ は誤差項である。なお，同一都道府県内の市町村の誤差項が相関を持つことが考えられるため，標準誤差は都道府県単位でクラスタリングしたものを用いる。

すべての回帰式について level-level と log-log との 2 通りを立て，対数化の際には法定外繰入に存在する 0 は 1 に変換した。また頑健性の確認のため $OthEl_{ip,2017}$ を落とし選挙変数を「選挙直前ダミー」のみに限定したモデルと，すべての選挙変数を用いたモデルとの 2 通りを立て，以下ではそれぞれ「基本モデル」「拡張モデル」と呼ぶ。これらについて，最小二乗法を用いて推定する。

ある年の保険料が政治的要因によって引き下げられることは国保特会の歳入の減少を意味するため，第 2 節第 4 項では会計バランスのために考えられる 2

つの仮説を立てた。それらの検証のため，以下の通り定式化を行う。

1つ目に，再選動機による保険料の引き下げと同時に歳入補塡のために繰入金が増やされているとする仮説である。(1) 式の右辺はそのままに，被説明変数 $Y_{ip,2018}$ を「他会計繰入金」および「法定外繰入」(他会計繰入金うち決算補塡目的) としたモデルを推定する。これらの繰入金，とくに法定外繰入を被説明変数としたときの選挙変数の係数は，保険料を被説明変数に取る場合と正負が逆になることが期待される。

2つ目に，複数年度での保険料の調整について，2018年度に低く抑えた保険料歳入減少分を，翌年の2019年度の保険料を高く設定し徴収することで補塡しているという仮説を検証する DID 分析を行う。2018／2019年度でそれぞれ処置前／後として，処置群を (1) 式の $NearEl_{ip,2017}$ で1を取った自治体，それ以外の自治体を対照群とする。回帰式は以下である。

$$Y_{i,t} = \alpha A\,[t=2019] \cdot RecentEl_i + \beta OthEl_{i,t-1} + \gamma X_{i,t} + \lambda_i + \mu_t + \epsilon_{i,t} \tag{2}$$

添え字の i は市町村を，t は年度 ($t = 2018, 2019$) を表す。被説明変数 $Y_{i,t}$ は市町村 i の t 年度の1人当たり保険料である。$A\,[t=2019]$ は2019年度であれば1を取るダミー変数であり，$RecentEl_i$ は2018年度時点の首長が選挙直後であることを表すダミー変数，すなわち (1) 式の $NearEl_{ip,2017}$ で1を取った市町村について ($t = 2018, 2019$ の両時点で) 1を取るダミー変数である。これらの交差項の係数 α は DID 推定量であり，選挙直後の自治体でどれほど保険料が上がって（下がって）いるかを捉えるものである。仮説より，正の値を取ることが期待される。$OthEl_{i,t-1}$ および $X_{i,t}$ の定義については (1) 式と同様である。λ_i は市町村固定効果，μ_t は時間固定効果を表しており，$\epsilon_{i,t}$ は誤差項である。なお，市町村内での異時点間の誤差項が系列相関を持つことが考えられるため，標準誤差は市町村単位でクラスタリングしたものを用いる。

本稿では2方向固定効果を用いることを前提とし，説明変数を $A\,[t=2019]$ ·$RecentEl_i$ のみとした Model 1，共変量として他の選挙変数，被保険者数，標準保険料を入れた Model 2 の2通りのモデルを推定し，頑健性を確認する。

5 分析結果

5.1 クロスセクション分析結果

(1) 式の level-level の推定結果が表 2 の列 (1) から (4) に示されている。すべてのモデルでメインの説明変数である「選挙直前ダミー」の係数は 5% 水準で統計的に有意にすべて負であると推定されており，選挙を間近に控えている首長は 1 人当たりの保険料を 1000～1200 円程度下げるという結果を得た。これは政治的予算循環をもとにした第 2 節第 4 項の仮説と整合的であり，保険料の引き下げが選挙に向けての有権者へのアピールのための重要戦略となっていることを示唆しているといえよう。

次に拡張モデル（表 2 の列 (3) (4)）における他の選挙変数について見ると，当選回数が多くなるほど保険料が高くなる傾向が看取される。第 2 節第 4 項に述べたように，当選回数が多いことの解釈としては能力の高さと競争率の低さの 2 通りが想定されたが，ここでは後者，すなわち，当選回数の多さが選挙の競争率の低さを意味し，その首長は有権者にアピールするインセンティブが弱いために保険料を高く設定する可能性が示唆された。無投票ダミーの係数は統計的には有意にゼロとは異ならないとの結果が得られた。

log-log の推定結果は表 4 の列 (1) (2) に示されており，メインの説明変数「選挙直前ダミー」の係数は負であったが 5% 水準で統計的に有意ではなかった。ここに保険料の分布の右側の裾の長さを勘案すると（図 1 を参照），1 人当たり保険料が大きい自治体の保険料の増減が結果に強く影響を及ぼしている可能性があり，一定の留意が必要である。

(1) 式の被説明変数を他会計繰入金，法定外繰入としたものの結果は表 4 の列 (3) から (6) に収められている。ここでは「選挙直前ダミー」の係数が正となることが期待されたが，いずれの結果も統計的に有意ではなかった。

5.2 DID 分析結果

次に，(2) 式の DID 分析の結果を示す。2019 年度の保険料変数に欠損があった 1 つの自治体の観測値が両モデルから脱落し，さらに当選回数ダミーに

表2 2018年度クロスセクション分析結果

	(1) 調定保険料	(2) 算出保険料	(3) 調定保険料	(4) 算出保険料	(5) 調定保険料 割合高	(6) 調定保険料 割合低
選挙直前 D	−1088.552**	−1357.649**	−1080.510**	−1266.488**	−1843.575**	−369.554
	(418.284)	(578.833)	(445.199)	(612.185)	(844.787)	(480.947)
無投票 D			40.108	−331.602	−198.689	−44.167
			(497.313)	(445.708)	(853.463)	(507.182)
当選 2 回			489.554	1041.265	296.083	795.617
			(615.306)	(854.223)	(919.471)	(1010.246)
3 回			1371.033**	1486.622*	1826.082*	917.355
			(611.058)	(783.106)	(898.465)	(651.360)
4 回			1199.372	2690.722**	1372.220	955.887
			(761.665)	(1269.846)	(1690.429)	(1097.456)
5 回以上			979.358	2736.051	−411.464	1037.062
			(973.108)	(1668.356)	(2310.327)	(1016.290)
標準保険料	0.298**	0.567***	0.298**	0.566***	0.254*	0.391***
	(0.064)	(0.075)	(0.063)	(0.074)	(0.089)	(0.047)
被保険者数	−0.002	0.020*	−0.002	0.020*	0.009	−0.009
	(0.008)	(0.010)	(0.008)	(0.010)	(0.036)	(0.007)
Num.Obs.	1518	1518	1518	1518	759	759
R2	0.646	0.758	0.648	0.760	0.695	0.619
R2 Adj.	0.635	0.751	0.636	0.751	0.674	0.593
標準誤差	都道府県	都道府県	都道府県	都道府県	都道府県	都道府県
都道府県 D	YES	YES	YES	YES	YES	YES

(注) 1) *, **, *** はそれぞれ有意水準10%, 5%, 1%で係数がゼロと統計的に異なることを示す。
2) 括弧内は標準誤差を表示。
3) 列(5)(6)では市町村人口に占める被保険者数の割合を算出し、その中央値以上と未満とでサンプルを二分している。
(出所) 筆者作成。

欠損があった1つの自治体がModel 2から脱落している。このため、サンプルサイズがModel 1で3034、Model 2で3033となっている。全サンプルでのDID分析の推定結果は表3の列(1)(2)である。調定保険料を被説明変数とした場合のすべてのモデルにおいて、メインとなるDID推定量である「当選直後×2019年度」の係数が約400程度の正の値に推定されている。以上より、係数が5%水準では統計的に有意でないことには留意が必要であるが、2017年度か2018年度に選挙を終えたばかりの自治体で保険料が400円程度

表3 DID 分析結果

	(1) 全サンプル Model 1	(2) 全サンプル Model 2	(3) 割合高 Model 1	(4) 割合高 Model 2	(5) 割合低 Model 1	(6) 割合低 Model 2
当選直後×2019年度	325.668 (224.116)	432.294* (221.490)	749.173** (356.608)	712.749** (339.190)	−53.519 (266.253)	73.427 (290.174)
無投票 D		1.247 (347.417)		209.403 (515.257)		−301.110 (377.160)
当選 2 回		699.782** (338.603)		622.765 (415.709)		751.153 (585.415)
3 回		322.162 (306.363)		292.410 (455.173)		256.830 (433.941)
4 回		−338.731 (525.254)		−709.514 (896.885)		36.841 (567.652)
5 回以上		468.870 (647.268)		−82.650 (1295.940)		696.103 (633.623)
被保険者数		−0.118*** (0.042)		−0.063 (0.081)		−0.113** (0.046)
標準保険料		0.079*** (0.015)		0.091*** (0.020)		0.048** (0.023)
Num.Obs.	3034	3033	1518	1518	1516	1515
R2	0.979	0.981	0.982	0.984	0.971	0.972
R2 Adj.	0.959	0.961	0.965	0.967	0.942	0.943
標準誤差	市町村	市町村	市町村	市町村	市町村	市町村
市町村固定効果	YES	YES	YES	YES	YES	YES
年固定効果	YES	YES	YES	YES	YES	YES

(注) 1) *, **, *** はそれぞれ有意水準 10%, 5%, 1% で係数がゼロと統計的に異なることを示す。
2) 括弧内は標準誤差を表示。
3) 列 (3) から (6) では市町村人口に占める被保険者数の割合を算出し，その中央値以上と未満とでサンプルを二分している。
4) 被説明変数はすべて1人当たり調定保険料である。
(出所) 筆者作成。

高く設定される可能性が読み取れる。前項の結果と合わせると，選挙を直近に控えた自治体では選挙前に保険料が1000～1200円程度引き下げられ，選挙後には400円程度引き上げられるということが示唆されており，第2節第4項で得た仮説を支持する結果となった。その他の選挙変数については一意的な結果は得られなかった。なお紙幅の関係上すべての結果を報告することはできないが，調定保険料と強い正の相関（相関係数が0.91）を持つ算出保険料を被説

4 国民健康保険の財政運営において政治的予算循環は発生しているか

表4 その他の回帰結果（全サンプル・クロスセクション分析）

	(1) log of 調定保険料	(2) log of 算出保険料	(3) 他会計繰入	(4) 法定外繰入	(5) log of 他会計繰入	(6) log of 法定外繰入
選挙直前 D	−0.010*	−0.009	323.685	−402.234	0.013	0.029
	(0.005)	(0.006)	(706.389)	(470.377)	(0.015)	(0.190)
無投票 D	0.001	−0.002	5.403	−678.266*	−0.030**	−0.031
	(0.007)	(0.006)	(562.992)	(366.047)	(0.012)	(0.106)
当選 2 回	0.007	0.010	−271.766	−108.027	0.004	−0.051
	(0.007)	(0.007)	(747.604)	(504.922)	(0.015)	(0.193)
3 回	0.015**	0.011*	−1901.806**	−614.357	−0.019	0.047
	(0.007)	(0.007)	(729.954)	(378.398)	(0.014)	(0.156)
4 回	0.018	0.028*	−700.831	101.954	−0.001	0.098
	(0.011)	(0.014)	(895.671)	(669.396)	(0.019)	(0.261)
5 回以上	0.011	0.025	2804.133**	679.095	0.060*	0.580
	(0.012)	(0.016)	(1256.446)	(975.077)	(0.030)	(0.397)
被保険者数			0.006	−0.002		
			(0.006)	(0.010)		
標準保険料			−0.086***	−0.029		
			(0.010)	(0.012)		
log of 被保険者数	−0.004	0.005			−0.027**	0.365***
	(0.004)	(0.005)			(0.010)	(0.090)
log of 標準保険料	0.529***	0.641***			−0.207	−2.515**
	(0.020)	(0.047)			(0.111)	(0.694)
Num.Obs.	1518	1518	1518	1518	1518	1518
R2	0.671	0.738	0.362	0.244	0.433	0.134
R2 Adj.	0.660	0.729	0.340	0.218	0.414	0.105
標準誤差	都道府県	都道府県	都道府県	都道府県	都道府県	都道府県
都道府県 D	YES	YES	YES	YES	YES	YES

（注） 1) *, **, *** はそれぞれ有意水準 10％, 5％, 1％ で係数がゼロと統計的に異なることを示す。
2) 括弧内は標準誤差を表示。
（出所） 筆者作成。

明変数とした回帰も行い，おおむね同様の結果が得られた。

6 追加分析 —— 効果の異質性

本節では，追加分析として選挙変数が保険料決定に及ぼす効果の異質性を検討する。

次回選挙での再選のために政策を通じて有権者にアピールするインセンティブは，人口規模や人口構成はもとより，その政策の対象となる人びとが全体の有権者のうちどれほどの割合を占めるかに影響されると予想される。この仮説より，本節では次のようにサンプルを区分する。まず市町村において被保険者数が人口に占める割合を算出してその中央値によってサンプルを2分（いずれも N=759）し，それぞれで (1) 式の回帰を行う。被保険者数の割合が高いことは，保険料を下げることで直接の便益を享受する人口割合が高いことを意味し，そうした地域では直近に選挙を控えた首長の再選動機によって保険料がより低く抑えられることが予想される。また，そうして 2018 年度の保険料が低く設定された自治体では，翌年度の保険料が引き上げられる効果もより大きくなるかもしれない。以下では，このことを検証する。

6.1 クロスセクション分析結果

level-level の推定結果が表 2 の列 (5) (6) に示されている。「選挙直前ダミー」の係数を見ると，列 (5) 被保険者数の割合が高い地域において統計的に有意に大きく負の値，列 (6) 割合が低い地域では統計的に有意でない結果となり，上記の仮説が支持されている。割合が高い地域では，直近に選挙がある首長は調整保険料を 1 人当たり 1800 円程度下げることが示唆されており，全サンプルの場合に比べても選挙の再選動機と保険料決定の結びつきがより強いことが看取される。無投票当選や当選回数については，特筆すべき結果は得られなかった。

6.2 DID 分析結果

次に，選挙直後の保険料の増減を確認するために，被保険者数の割合が高い地域と低い地域とのそれぞれのサンプルで (2) 式の Model 1 と Model 2 を推定する。結果が表 3 の列 (3) から (6) に示されている。なおここでの被説明変数はすべて 1 人当たり調整保険料である。メインとなる DID 推定量である「当選直後×2019 年度」の係数について，被保険者数割合が低い地域では係数の推定値の絶対値は小さいうえに統計的に有意でない一方で，高い地域では 5% 水準で統計的に有意に 710 から 750 程度の正の係数が推定されている。こ

のことと第5節第2項の結果とを合わせると，被保険者割合が高い地域では選挙を控えた首長の再選動機と保険料決定との結びつきがより強固であり，保険料を選挙前に相対的に大きく引き下げ（約1800円），選挙後に大きく引き上げる（約710円）と結論づけられる。その他の選挙変数については一意的な結果は得られなかった。

7　結論と考察

本稿では，政治的予算循環仮説をもとに，まず選挙を間近に控えた首長が，次の選挙での再選のために保険料を下げて有権者にアピールするという仮説を立てた。そしてそのような自治体が特別会計の調整を行っている可能性を見通し，法定外繰入を用いた分析や選挙直後の保険料決定の分析を行った。おもな分析結果と解釈は次の通りである。すなわち，選挙を控えた自治体では1人当たり保険料が1000〜1200円程度引き下げられて選挙後に400円程度引き上げられることが示唆され，政治的予算循環仮説と整合的な結果となった。また，人口に占める国保の被保険者数割合が高い地域では選挙前により大きく保険料が引き下げられ（約1800円），選挙後に大きく引き上げられる（約710円）ことも確認され，次回選挙での再選のために政策を通じて有権者にアピールするインセンティブは，その政策の対象となる人びとの割合が高い地域においてより顕著であるという考察が得られた。

本稿の貢献として，次の2点を挙げる。第1に，政治経済学の重要な論点の1つでありながら日本でこれまで蓄積が多いとはいえなかった「政治的予算循環」の実証研究に1つの知見を提供したことである。とくに，日本を対象とした近年の研究である Fukumoto, Horiuchi and Tanaka (2020) で確認されなかった歳入側への影響を示唆できたことは本稿の主たる発見であり，選挙時期が準外生的に定められているという分析に適した制度下の日本において，今後の分析発展に貢献するかもしれない。また上位政府によって定められた「標準値」を用いた識別戦略は他の財政支出などにも適用されうる枠組みであり，この点で今後の地方自治体間のさまざまな分野での比較分析に資することが望まれる。第2に，市町村国保財政と住民の監視についての政策的示唆

が挙げられる。超高齢社会を迎え社会保障負担が増大する中で，国民皆保険のセーフティネットたる国保の保険料は適正に設定されるべきである。本稿は，国保料の「見える化」を志向した今回の制度変更で定められた標準保険料を用いることで，選挙への再選動機が保険料を引き下げていることを明らかにした。このことは，首長にとって保険料決定は市民へのアピールの重要な政策であることを示している。本稿では他の会計項目の増減に関する示唆を得ることはできなかったが，保険料引き下げの裏に他の公共財供給を歪めている可能性は十分に考えられよう。これらのことから，有権者が引き続き標準保険料の参照などによって保険料決定を監視することの重要性が確認され，同時に他の歳入や歳出項目についても監視し，選挙での評価に反映させる必要がある。さらには，国や都道府県も市町村の適正な保険料決定を監視，ないしは政策的に統制する必要があるかもしれない。

　本稿の限界は，以下の2点である。第1に，保険料の算出において市町村ごとの保険料算定方式や細かな制度の差異を考慮できていないことが挙げられる。具体的には，応益割と応能割の比重は市町村ごとに定めることが可能であるため，本稿の「算出保険料」および「標準保険料」の計算と実際の自治体の算出方法とが一致していないかもしれず，分析結果に誤差をもたらしている可能性がある。また，貧困救済などを目的とした独自の国保料減免措置を講じている都道府県・市町村が多数存在し，市町村国保財政に少なからぬ影響を与えている。これらの措置の存在や大きさ自体も首長の政策決定であるため分析に組み込まれることが望ましいが，本稿ではまったく考慮することができなかった。第2に，選挙前単年での会計のバランスを十分に説明できなかった点である。本稿では，保険料を引き下げるために法定外繰入を増やして国保特別会計のバランスを取っているという仮説を立てたが，選挙直前ダミーの係数から示唆を得ることはできなかった。このことは，仮定の不十分さ，分析手法やデータの不十分さ，もしくはその両方が存在することに起因しているかもしれない。会計のバランスの必要性を前提とすると，別の歳入項目の増加や歳出の

---

7) かつて応能割と応益割の比率は7:3が基準とされていたが，1995年の国保法改正で5:5に変更することが推進された。このことから，市町村ごとの比率の差異は大きくないとも考えられる。

減少が生じている可能性が考えられ，追加的な分析が望まれる。以上の点については，今後の課題である。

*　本稿は，2023年10月に開催された日本財政学会第80回全国大会にて，初めて発表の機会をいただいた。その場を用意してくださった大会運営委員会の皆様，私の発表の拙きを忍んで有益なコメントを与えてくださった諸先輩方には感謝申し上げたい。とりわけ討論者の近藤春生教授（西南学院大学）におかれては，研究内容の大きな指針となる討論コメントにとどまらず，研究活動への姿勢や将来に対してのエールをいただいた。これが非常に大きな励みとなり，本稿の完成を迎えることができた。

　また，所属機関を通じて先生方や学友からのサポートも多数いただいた。とくに，別所俊一郎教授（早稲田大学）にはデータの整理などの準備段階からご支援をいただいたうえ，分析や執筆についての有益な示唆の数々をいただいたことをここに記し，格別の感謝の意を示したい。また，岸下大樹講師（東京理科大学）には，本稿の実証分析の基底をなす理論モデルについて懇切丁寧なご指導を賜った。小川光教授（東京大学），川口大司教授（東京大学），林正義教授（東京大学），久住竜也さん（東京大学博士課程），島本高志さん（大和総研），牧野佑哉さん（東京大学博士課程）には論文のアイデア段階からさまざまなご助言をいただいた。最後に，小川光ゼミナール（東京大学）の皆様には，ゼミ内でのコメントをはじめとして公私にわたって多大なるご支援をいただいた。そしてこれまでの学業と私生活を支えてくれた家族，友人。そのどれが欠けても本稿の完成はなかったであろう。通常の留意をもって，すべての方々に心より感謝申し上げます。ありがとうございました。

〈参考文献〉

小椋正立・入舩剛（1990）「わが国の人口の老齢化と各公的医療保険の収支について」『フィナンシャル・レビュー』第17号，51〜77頁。

神田敏史・長友薫輝（2017）『新しい国保のしくみと財政――都道府県単位化で何が変わるか』自治体研究社。

北村周平（2022）『民主主義の経済学――社会変革のための思考法』日経BP。

公益財団法人地方自治総合研究所（2023）「自治体選挙結果調査（2023年2月2日更新）」〈http://jichisoken.jp/archive/jichitaisenkyo/index.html〉2023.3.5参照。

厚生労働省「国民健康保険事業年報・月報」〈https://www.mhlw.go.jp/stf/seisakunitsuite/bunya/iryouhoken/database/seido/kokumin_nenpo.html〉2023.3.5参照。

厚生労働省「国民健康保険実態調査」〈https://www.mhlw.go.jp/stf/

seisakunitsuite/bunya/iryouhoken/database/seido/kokumin_jitai.html〉 2023.10.23 参照．

厚生労働省「国民健康保険制度における改革について」〈https://www.mhlw.go.jp/stf/seisakunitsuite/bunya/hokabunya/shakaihoshou/hokenseido_kaikaku.html〉2023.3.5 参照．

厚生労働省（2015）「国民健康保険の見直しについて（議論のとりまとめ）」〈https://www.mhlw.go.jp/file/05-Shingikai-12601000-Seisakutoukatsukan-Sanjikanshitsu_Shakaihoshoutantou/0000074685.pdf〉2024.7.11 参照．

厚生労働省（2018）「市町村国民健康保険における保険料の地域差分析」〈https://www.mhlw.go.jp/stf/seisakunitsuite/bunya/kenkou_iryou/iryouhoken/database/iryomap/hoken.html〉2023.3.5 参照．

厚生労働省保険局国民健康保険課（2021）「国民健康保険における納付金及び標準保険料率の算定方法について（ガイドライン）」〈https://www.mhlw.go.jp/content/000889636.pdf〉2023.3.5 参照．

近藤春生（2008）「社会資本整備における政治経済学的側面」『フィナンシャル・レビュー』第89号, 68〜92頁．

砂原庸介（2006）「地方政府の政策決定における政治的要因——制度的観点からの分析」『少子化時代の政策形成（財政研究第2巻）』日本財政学会, 161〜178頁．

選挙ドットコム〈https://go2senkyo.com/〉2023.4.23 参照．

総務省「地方財政状況調査関係資料」〈https://www.soumu.go.jp/iken/jokyo_chousa_shiryo.html〉2023.3.5 参照．

田近栄治・油井雄二（1999）「高齢化と国民健康保険・介護保険——財政の視点から」『季刊・社会保障研究』第35巻第2号, 128〜140頁．

内閣府（2019）「経済財政運営と改革の基本方針2019——『令和』新時代：『Society 5.0』への挑戦（骨太方針2019）」〈https://www5.cao.go.jp/keizai-shimon/kaigi/cabinet/2019/2019_basicpolicies_ja.pdf〉2023.3.5 参照．

西沢和彦（2014）「サラリーマンを圧迫する国保の脆弱な財政基盤」〈https://special.nikkeibp.co.jp/as/201401/kenpo/column/vol4/〉2023.3.5 参照．

初村尤而（2018）「国保都道府県単位化の焦点『法定外繰入』の継続を——国民皆保険としての国保を支える」〈https://hodanren.doc-net.or.jp/news/iryounews/180515_sisk4_kkhtani.html〉2023.3.5 参照．

林正義（2013）「市町村国保財政の仕組みと現状」『租税研究』第765号, 26〜36頁．

林宜嗣（1995）「自治体の国民健康保険財政」『季刊社会保障研究』第31巻第3号, 243〜251頁．

平岡康彦（2023）「あなたの国民健康保険料は高い？ 安い？ 地域間格差3倍超の現実」『産経新聞』2023年1月9日付, 〈https://www.sankei.com/article/20230109-

XMQ5MTMSNFOLVHCSUJHE6UY5LE/〉2023.3.5 参照。

別所俊一郎（2010）「財政規律とコミットメント」『会計検査研究』第 42 号，29～47 頁。

湯田道生（2010a）「国民健康保険制度が抱える諸問題が国保財政に及ぼす影響——予備的分析」『中京大学経済学論叢』第 21 号，1～15 頁。

湯田道生（2010b）「国民健康保険における被保険者の最小効率規模」『医療経済研究』第 21 巻第 3 号，305～325 頁。

湯田道生（2018）『国民健康保険財政の経済分析』勁草書房。

Alt, J. E. and D. D. Lassen (2006) "Fiscal Transparency, Political Parties, and Debt in OECD Countries," *European Economic Review*, 50 (6), pp.1403-1439.

Alt, J., E. Bueno de Mesquita and S. Rose (2011) "Disentangling Accountability and Competence in Elections: Evidence from U.S. Term Limits," *Journal of Politics*, 73 (1), pp.171-186.

Besley, T. and R. Burgess (2002) "The Political Economy of Government Responsiveness: Theory and Evidence from India," *Quarterly Journal of Economics*, 117 (4), pp.1415-1451.

Besley, T. and A. Case (1995) "Does Electoral Accountability Affect Economic Policy Choices? Evidence from Gubernatorial Term Limits," *Quarterly Journal of Economics*, 110 (3), pp.769-798.

Bessho, S. and H. Ogawa (2015) "Fiscal Adjustment in Japanese Municipalities," *Journal of Comparative Economics*, 43 (4), pp.1053-1068.

Buettner, T. (2009) "The Contribution of Equalization Transfers to Fiscal Adjustment: Empirical Results for German Municipalities and a US-German Comparison," *Journal of Comparative Economics*, 37 (3), pp. 417-431.

Buettner, T. and D. E. Wildasin (2006) "The Dynamics of Municipal Fiscal Adjustment," *Journal of Public Economics*, 90 (6-7), pp.1115-1132.

Coviello, D. and S. Gagliarducci (2017) "Tenure in Office and Public Procurement," *American Economic Journal: Economic Policy*, 9 (3), pp.59-105.

De Haan, J. and J. Klomp (2013) "Conditional Political Budget Cycles: A Review of Recent Evidence," *Public Choice*, 157 (3/4), pp.387-410.

Dubois, E. (2016) "Political Business Cycles 40 Years after Nordhaus," *Public Choice*, 166, pp.235-259.

Ferraz, C. and F. Finan (2011) "Electoral Accountability and Corruption:

Evidence from the Audits of Local Governments," *American Economic Review*, 101 (4), pp.1274-1311.

Fukumoto, K. and Y. Horiuchi (2011) "Making Outsiders' Votes Count: Detecting Electoral Fraud through A Natural Experiment," *American Political Science Review*, 105 (3), pp.586-603.

Fukumoto, K., Y. Horiuchi and S. Tanaka (2020) "Treated Politicians, Treated Voters: A Natural Experiment on Political Budget Cycles," *Electoral Studies*, 67, 102206.

Heckelman, J. C. and H. Berument (1998) "Political Business Cycles and Endogenous Elections," *Southern Economic Journal*, 64 (4), pp.987-1000.

Ito, T. (1990) "The Timing of Elections and Political Business Cycles in Japan," *Journal of Asian Economics*, 1 (1), pp.135-156.

Ito, T. (1991) "International Impacts on Domestic Political Economy: A Case of Japanese General Elections," *Journal of International Money and Finance*, 10, pp.S73-S89.

Ito, T. and J. H. Park (1988) "Political Business Cycles in the Parliamentary System," *Economics Letters*, 27 (3), pp.233-238.

Kim, Y. (2021) "How Does a Reduction in Mandated Medicaid Spending Affect Local Fiscal Behaviors? Evidence from New York State," *Public Finance Review*, 49 (4), pp.495-547.

Kondo, A., and H. Shigeoka (2013) "Effects of Universal Health Insurance on Health Care Utilization, and Supply-Side Responses: Evidence from Japan," *Journal of Public Economics*, 99, pp.1-23.

Lowry, R. C., J. E. Alt and K. E. Ferree (1998) "Fiscal Policy Outcomes and Electoral Accountability in American states," *American Political Science Review*, 92 (4), pp.759-774.

Nordhaus, W. D. (1975) "The Political Business Cycle," *Review of Economic Studies*, 42 (2), pp.169-190.

Oates, W. E. (1972) *Fiscal Federalism*, Harcourt Brace Jovanovich.

Persson, T. and G. Tabellini (2002) *Political Economics: Explaining Economic Policy*, MIT Press.

Pulejo, M. and P. Querubin (2021) "Electoral Concerns Reduce Restrictive Measures during the COVID-19 Pandemic," *Journal of Public Economics*, 198, 104387.

Revelli, F. and E. Bracco (2020) Empirical Fiscal Federalism, Cambridge University Press.

Seabright, P. (1996) "Accountability and Decentralisation in Government: An Incomplete Contracts Model," *European Economic Review*, 40 (1), pp.61-89.

Shi, M. and J. Svensson (2006) "Political Budget Cycles: Do They Differ across Countries and Why?" *Journal of Public Economics*, 90 (8-9), pp.1367-1389.

Skilling, D. and R. J. Zeckhauser (2002) "Political Competition and Debt Trajectories in Japan and the OECD," *Japan and the World Economy*, 14 (2), pp.121-135.

Takaku, R. and S. Bessho (2018) "Political Cycles in Physician Employment: A Case of Japanese Local Public Hospitals," *Social Science & Medicine*, 216, pp.97-106.

Tufte, E. R. (1978) *Political Control of the Economy*, Princeton University Press.

Yuda, M. (2016) "Inefficiencies in the Japanese National Health Insurance System: A Stochastic Frontier Approach," *Journal of Asian Economics*, 42, pp.65-77.

⟨学　会　記　事⟩

1　日本財政学会第 80 回大会

　日本財政学会第 80 回大会は，2023 年 10 月 21 日（土）・22 日（日）の 2 日間，九州大学伊都キャンパス（福岡県福岡市西区）において開催されました。実行委員長は八木信一理事（九州大学）が，プログラム委員長は宮崎毅理事（九州大学）が，それぞれ務めました。本大会は対面開催され，4 年ぶりに懇親会を開催することができました。

　第 70 回大会より，若手会員の研究を奨励することを目的として「学会奨励賞」が設けられていますが，残念ながら本大会では該当者なしとなりました。

シンポジウム（1 日目）
「ウェルビーイングと財政」
　　パネリスト：馬奈木俊介（九州大学）・筒井義郎（京都文教大学）・駒村康平（慶應義塾大学）・藤田菜々子（名古屋市立大学）
　　コーディネーター：諸富　徹（京都大学）

研究報告

分科会 A（1 日目）

　A-1　「社会保障 1」　　座長：土居丈朗（慶應義塾大学）
　①　"Peer Effects on Influenza Vaccination: Evidence from a City's Administrative Data in Japan"
　　　報告者：宮里尚三（日本大学）・井深陽子（慶應義塾大学）・板谷淳一（北海道大学）＊※
　　　討論者：濱秋純哉（法政大学）
　②　「静学モデルにおける余暇比例給付の厚生分析」
　　　報告者：高畑純一郎（獨協大学）・小林　航（千葉商科大学）
　　　討論者：宮﨑浩一（広島大学）
　③　「国民移転勘定（NTA）の推計手法の拡張とその検討課題について」
　　　報告者：中田大悟（独立行政法人経済産業研究所）・市村英彦（アリゾナ大学／東京大学）＊※・佐藤　格（国立社会保障・人口問題研究所）＊※・寺田和之（創価大学）＊※・深井太洋（筑波大学）＊※・福田節也（国立社会保障・人口問題研究所）＊※
　　　討論者：大野太郎（財務総合政策研究所）

　A-2　「公共財・公共支出」　　座長：田中宏樹（同志社大学）
　①　「地方公共財の便益に関する実証的研究——ヘドニック・アプローチを用いた計

測」
　　報告者：林　勇貴（大分大学）
　　討論者：獺口浩一（琉球大学）
②　「インフラ整備の波及効果による税収を利用した維持修繕費の捻出——上下水道を事例にして」
　　報告者：中東雅樹（新潟大学）・吉野直行（慶應義塾大学／東京都立大学）
　　討論者：近藤春生（西南学院大学）
③　「戦後30年間の社会基盤整備の財源計画に関する定量的分析——道路・橋梁に焦点を当てて」
　　報告者：鈴木幸大（東京経済大学修士課程。推薦会員：佐藤一光）
　　討論者：沼尾波子（東洋大学）

A-3　「地方財政1」　　座長：川瀬憲子（静岡大学）
①　「被災地における漁業協同組合の再建過程と経営課題——『協』『公』関係を踏まえて」
　　報告者：桒田但馬（立命館大学）・生島和樹（岩手県立大学）[**]・鈴木正貴（岩手県立大学）[**]
　　討論者：関　耕平（島根大学）
②　「激甚災害制度が自治体財政に与える影響」
　　報告者：石田三成（東洋大学）
　　討論者：桒田但馬（立命館大学）
③　「自治体行財政と住民協働」
　　報告者：片山和希（宮崎大学）
　　討論者：平岡和久（立命館大学）

A-4　「財政政策」　　座長：赤井伸郎（大阪大学）
①　「税収構造の国際比較——OECDデータを用いた主成分分析による類型化」
　　報告者：畑農鋭矢（明治大学）・河合芳樹（明治大学）
　　討論者：飯島大邦（中央大学）
②　「日本の中央政府における債務残高の増大が経済成長（抑制）率，債務残高（対GDP比）の増加率に及ぼす影響，及びRDF基金の導入可能性について」
　　報告者：入江政昭（九州大学博士課程）
　　討論者：赤井伸郎（大阪大学）
③　「ストック・フロー統一モデルによる日本経済のシミュレーション分析」
　　報告者：東海林義朋（東京経済大学修士課程。推薦会員：佐藤一光）
　　討論者：平賀一希（名古屋市立大学）

A-5　企画セッション「日仏米における付加価値税の伝播に関する国際比較——課税の正統性と納税者の同意を重視する財政社会学の分析視角」　　座長：諸富　徹（京都大学）
①　"Making a Tax System More 'Généralisé': VAT and Income Tax Reforms in France during the 1950s-1960s"

報告者：小西杏奈（帝京大学）
討論者：関口　智（立教大学）・加藤淳子（東京大学）※
② "Reasons Behind Japan's Delay in Implementing Value-Added Tax"
報告者：髙橋涼太朗（東海大学）
討論者：関口　智（立教大学）・加藤淳子（東京大学）※
③ "A Victim of the 1970s U.S. Tax "Politics": The Failure of Al Ullman's VAT Recommendation, 1972-1980"
報告者：茂住政一郎（横浜国立大学）
討論者：関口　智（立教大学）・加藤淳子（東京大学）※

分科会 B（1日目）

B-1 「税制一般1」　座長：西川雅史（青山学院大学）
① 「税務統計を用いた法人税の納税実態に関する分析」
報告者：土居丈朗（慶應義塾大学）・別所俊一郎（早稲田大学／税務大学校）
討論者：上村敏之（関西学院大学）
② 「日系多国籍企業の海外立地に対する課税の効果——カウントデータを用いた実証分析」
報告者：野村容康（獨協大学）・山田直夫（日本証券経済研究所）
討論者：長谷川誠（京都大学）
③ 「『人生百年時代』と NISA——金融教育／知識に焦点を当てた実証研究」
報告者：大野裕之（東洋大学）
討論者：宮崎智視（神戸大学）

B-2 「コロナと医療」　座長：川崎一泰（中央大学）
① 「日本の医薬品市場における広告の市場拡大効果分析」
報告者：沢田拓哉（東北大学修士課程。推薦会員：湯田道生）
討論者：福重元嗣（大阪大学）
② "Socioeconomic Inequalities in Healthcare System Efficiency in Prefectures of Japan in COVID-19 Pandemic: An Analysis of the Moderating Role of Vaccination"
報告者：唐　寅（慶應義塾大学博士課程）
討論者：中田善規（帝京大学）※
③ "Impact of Work-from-Home Experience on Work Efficiency and Income after the COVID-19 Pandemic"
報告者：北村智紀（武蔵大学）・足立泰美（甲南大学）*
討論者：茂木洋之（国立社会保障・人口問題研究所）※

B-3 「地方財政2」　座長：菅原宏太（京都産業大学）
① 「COVID-19 による地価下落はどのように回復しているのか？　2019〜23 年の全国の公示地価による実証分析」
報告者：竹本　亨（日本大学）・杢澤隆司（武蔵野大学）・赤井伸郎（大阪大学）

討論者：川瀬晃弘（東洋大学）
② 「地方公営企業の公定価格と会計制度」
報告者：足立泰美（甲南大学）
討論者：小川　光（東京大学）
③ 「地域連携の誘因分析――非協力公共財ゲームの応用」
報告者：國崎　稔（愛知大学）
討論者：宮下量久（拓殖大学）

B-4 「社会保障2」　座長：佐藤　滋（東北学院大学）
① 「既存政策における家賃補助による居住保障ニーズの充足とその限界」
報告者：泉田信行（国立社会保障・人口問題研究所）
討論者：岡田徹太郎（香川大学）
② 「国民健康保険の財政運営において政治的予算循環は発生しているか？」
報告者：星合佑亮（東京大学修士課程。推薦会員：別所俊一郎・小川　光）
討論者：近藤春生（西南学院大学）
③ 「社会保障制度審議会1950年勧告の社会保障財源の選択――税財源か社会保険料か」
報告者：齋藤　敦（名古屋経済大学）
討論者：池上岳彦（立教大学）

B-5 「日韓セッション」　座長：Koo, Chung Mo（CTBC Business School）
① "The Labor Market Effects of a Robot Tax: Evidence from a Tax Credit for New Technologies in South Korea"
報告者：Kang, DongIk（Sookmyung Women's University）, Lee, Jung Hyuk（Ministry of Economy and Finance, Korea）, Quach, Simon（University of Southern California）
討論者：Suzuki, Takafumi（Aichi Shukutoku University）
② "Tax-Price Elasticities of Charitable Giving and Selection of Declaration: Panel Study of South Korea"
報告者：Goto, Tsuyoshi（Chiba University）
討論者：Choi, Sungmun（Konkuk University）
③ "The Effects of Expanding the Basic Pension for the Elderly in South Korea"
報告者：Kim, Woohyeon（University of Seoul）
討論者：Miyazato, Naomi（Nihon University）
④ "Empirical Analysis of National Currencies, Floating Exchange Rates, and Central Bank Independence on Fiscal Crises"
報告者：Kameda, Keigo（Kwansei Gakuin University）, Yoshida, Shogo（Nomura Asset Management）, Fukui, Masaki（Kwansei Gakuin University, Doctor Course）
討論者：Jeong, Minhyeon（Korea Institute for International Economic Pol-

icy）

B-6 「企画セッション：『財政学×産業連関分析』——政府による経済活動の産業・地域への影響の国際比較」　　座長：徐　一睿（専修大学）
① 「趣旨説明及び参照点としての日本の分析と説明」
　　報告者：佐藤一光（東京経済大学）
　　討論者：伊集守直（横浜国立大学）・江成　穣（松山大学）
② 「中国政府の経済活動の地域間産業連関分析」
　　報告者：劉　志誠（専修大学博士課程）・徐　一睿（専修大学）
　　討論者：伊集守直（横浜国立大学）・江成　穣（松山大学）
③ 「ユーロ圏の政府の経済活動の国際産業連関分析」
　　報告者：佐藤一光（東京経済大学）・島村玲雄（熊本大学）
　　討論者：伊集守直（横浜国立大学）・江成　穣（松山大学）
④ 「韓国政府の経済活動の地域間産業連関分析」
　　報告者：金　根三（志學館大学）・李　盛夏（横浜国立大学博士課程）※・居城　琢（横浜国立大学）※
　　討論者：伊集守直（横浜国立大学）・江成　穣（松山大学）

分科会 C（2日目）

C-1 「消費税」　　座長：上村敏之（関西学院大学）
① 「消費税の軽減税率と還付の実証分析」
　　報告者：田代　歩（札幌学院大学）
　　討論者：大野太郎（財務省財務総合政策研究所）
② "The Impact of a Permanent VAT Hike and a Temporary VAT Cut on Household Spending: Evidence from Hypothetical Scenarios"
　　報告者：新関剛史（千葉大学）・平賀一希（名古屋市立大学）*
　　討論者：森　知晴（立命館大学）
③ "VAT Pass-through in Intermediate Transactions"
　　報告者：白石浩介（拓殖大学）
　　討論者：後藤剛志（千葉大学）

C-2 「政治」　　座長：八木信一（九州大学）
① 「地方議員報酬の変化と同調圧力・党派性との関係性」
　　報告者：宮本拓郎（東北学院大学）・近藤春生（西南学院大学）
　　討論者：山下耕治（福岡大学）
② 「政策選択肢のコンジョイント分析再論——2022年7月の参議院選における有権者の選択」
　　報告者：河越正明（日本大学）
　　討論者：金　栄録（兵庫県立大学）
③ 「財政運営と政治的要因に関する実証分析」
　　報告者：小川顕正（新潟大学）・山内直人（大阪大学）

討論者：亀田啓悟（関西学院大学）
C-3　「財政史」　座長：池上岳彦（立教大学）
① 「地方財政史ノート——経済ショックと政策対応をめぐって」
　　　報告者：持田信樹（中央大学）
　　　討論者：諸富　徹（京都大学）
② 「入るを図りて出ずるを制する——財政学の基本」
　　　報告者：松元　崇（国家公務員共済組合連合会）
　　　討論者：井手英策（慶應義塾大学）
③ 「財政の機能・役割に関する思想的考察——『贈与』と『公共』に着目して」
　　　報告者：早﨑成都（慶應義塾大学）
　　　討論者：古市将人（帝京大学）
C-4　「地方税」　座長：中澤克佳（東洋大学）
① 「沖縄県における石油価格調整税の成立と展開に関する研究——沖縄における燃料用石油をめぐる財政政策を中心に」
　　　報告者：只友景士（龍谷大学）
　　　討論者：佐藤一光（東京経済大学）
② 「ふるさと納税制度を考慮した地方政府による地域間競争を伴う公共財供給行動の分析について」
　　　報告者：斎部聡季（大阪大学博士課程）；討論者：菊池悠矢（中部大学）
③ 「我が国の税制における不動産の財産評価とその課税のあり方」
　　　報告者：中野英夫（専修大学）
　　　討論者：横山直子（大阪産業大学）
C-5　「企画セッション——税務データに基づく日本の所得税制の分析」
　　座長：國枝繁樹（中央大学）
① 「高額所得者の所得分布」
　　　報告者：國枝繁樹（中央大学）
　　　討論者：石田　良（財務省）※
② 「課税所得の弾力性の推計」
　　　報告者：栗田広暁（尾道市立大学）・宮崎　毅（九州大学）
　　　討論者：別所俊一郎（早稲田大学）
③ 「所得税の再分配効果」
　　　報告者：大野太郎（財務総合政策研究所）
　　　討論者：金田陸幸（大阪産業大学）
④ 「マクロ経済学的アプローチ」
　　　報告者：平賀一希（名古屋市立大学）
　　　討論者：山田知明（明治大学）※

分科会 D （2日目）

D-1　「所得税と所得分布」　座長：佐藤主光（一橋大学）

① 「マクロ経済変動における世帯所得の変動と税収弾性値」
　報告者：川出真清（日本大学）
　討論者：郡司大志（大東文化大学）
② "Optimal Income Taxation and Formalization of the Informal Economy"
　報告者：瀧川拓史（Goethe University Frankfurt 博士課程）
　討論者：佐藤主光（一橋大学）
③ "Application of Distributional National Accounts Guidelines to Income Data in Japan: Measuring Top Income Share in 2014 and 2019"
　報告者：上田淳二（財務省）・三箇山正浩（財務省財務総合政策研究所）**・今堀友嗣（財務省財務総合政策研究所）**・大野太郎（財務省）*・米田泰隆（財務省財務総合政策研究所／税務大学校）*
　討論者：森口千晶（一橋大学）※

D-2 「教育」　座長：宮錦三樹（中央大学）
① 「貧困が学校外教育機会に及ぼす影響に関する実証分析——FGT指標を用いた貧困率の計測」
　報告者：中村和之（富山大学）・金田陸幸（大阪産業大学）・田中宏樹（同志社大学）
　討論者：浦川邦夫（九州大学）※
② 「学校運営改善が地域連携教育の推進に与える影響——国公立小中学校パネルデータを用いた実証分析」
　報告者：田中宏樹（同志社大学）
　討論者：佐野晋平（神戸大学）※
③ 「増税による子育て支援と出生率および人的資本蓄積」
　報告者：村田　慶（静岡大学）
　討論者：高松慶裕（明治学院大学）

D-3 「税制一般2」　座長：釜田公良（中京大学）
① 「電子帳簿等保存と納税協力費をめぐる状況」
　報告者：横山直子（大阪産業大学）
　討論者：大野裕之（東洋大学）
② 「地代税の経済効果——古い問いに対する新たな答え・論拠を踏まえて」
　報告者：仲間瑞樹（流通科学大学）
　討論者：釜田公良（中京大学）

D-4 「外国財政」　座長：飛田博史（地方自治総合研究所）
① 「オーストラリアにおける地方政府合併——ニューサウスウェールズ州の強制合併のケース」
　報告者：宮﨑雅人（埼玉大学）・Drew, Joseph（University of Newcastle）
　討論者：花井清人（成城大学）
② 「メリーランド州の地方所得税——税率自主権をめぐる議論を中心に」
　報告者：谷　達彦（東北学院大学）

討論者：篠田　剛（立命館大学）
③　「中国における経済成長の制度的要因と資本源転換――政府間財政関係改革の影響を中心に」
報告者：張　忠任（島根県立大学）
討論者：内藤二郎（大東文化大学）

D-5　「企画セッション――若手研究者による財政理論セッション」　座長：新居理有（龍谷大学）
①　"The Optimal Non-Linear Income Taxation with Non-Cooprative Agents: Mirrlees Meets Nash"
報告者：小原拓也（中央大学）・小川禎友（関西学院大学）＊
討論者：齋藤雄太（北海道大学）※
②　"Decentralized Leadership with Sequential Move Games of Local Governments"
報告者：渡邉高広（関西学院大学）・赤井伸郎（大阪大学）＊
討論者：森田薫夫（福岡大学）
③　"Stigma, Inequality Aversion, and Public Goods: Envy-Motivated Bashing"
報告者：栗田健一（九州大学）・多鹿智哉（日本大学）＊＊
討論者：津川修一（龍谷大学）

注）　1）　＊は非登壇共同報告者。※は非会員。
　　　2）　「修士課程」は，修士課程，博士課程前期課程もしくは専門職学位課程。

日本財政学会第80回大会・プログラム委員会

宮崎毅（委員長，九州大学）

（以下，五十音順）

赤石孝次（長崎大学）	足立泰美（甲南大学）	大野正久（熊本大学）
岡田徹太郎（香川大学）	亀田啓悟（関西学院大学）	近藤春生（西南学院大学）
田代昌孝（桃山学院大学）	名方佳寿子（摂南大学）	林　勇貴（大分大学）
林田百恵（鹿児島大学）	宮崎智視（神戸大学）	森　裕之（立命館大学）
諸富　徹（京都大学）	八木信一（九州大学）	山下耕治（福岡大学）

日本財政学会第80回大会・実行委員会

八木信一（委員長，九州大学）

（以下，五十音順）

| 金子林太郎（熊本学園大学） | 川勝健志（京都府立大学） | 関　耕平（島根大学） |
| 藤　貴子（九州国際大学） | 宮崎　毅（九州大学） | 吉弘憲介（桃山学院大学） |

2　日本財政学会オンライン研究会

　本学会は，若手会員の発表機会拡大およびシニア会員等の話題提供により研究活動をより活性化するため，2022年5月からオンライン研究会を開催しています。2023年度の実施状況は以下の通りです。

第8回　（2023年6月24日）
① 土橋康人（北海学園大学）
「サッチャリズムの再検討——『内外』の主権をめぐる政治経済学」
② 髙橋　済（高崎経済大学）
"On Strategic Behavior in the Provision Policies in Nursery Facilities: Resource-Flow or Yardstick?"

第9回　（2024年3月23日）：大学院学生研究報告会
① 角　祥平（鹿児島大学大学院人文社会科学研究科修士課程）
「公益法人等の収益事業に対する税制について——法人形態と事業の関係性の歪みによる検証」
② 鈴木宏幸（高崎経済大学大学院地域政策研究科博士課程）
「市町村合併と教育行財政改革」
③ 土屋亮太（東京大学大学院経済学研究科博士課程）
"Tax Competition with Multinational Online Monopoly"
④ 種本直人（神戸大学大学院経済学研究科博士課程）
「政府債務が経済成長に与える影響——途上国のデータを用いた実証研究」
⑤ 鈴木　伸（京都大学大学院経済学研究科博士課程）
「フィンランドにおけるEU地域構造基金財政——3層間財政関係への試論」
⑥ 長藤洋明（法政大学大学院経済学研究科博士課程）
「非正規雇用の雇用形態別にみた正規化傾向について」
⑦ 別所昌樹（横浜国立大学大学院国際社会科学研究院修士課程）
「1969年ドイツ市町村財政改革の成立過程」
⑧ 安永　雅（慶應義塾大学大学院経済学研究科博士課程）
「1970年代後半の英国における所得減税圧力とVAT増税——1979年予算を中心に」

注）「修士課程」は，修士課程，博士課程前期課程もしくは専門職学位課程。

3　代表理事および常任理事の就任

　2023年10月22日（日），林正義前代表理事に代わり，赤井伸郎理事が代表理事に就任しました。それに伴い常任理事も交代し，常任理事会は以下の理事により構成されることになりました。いずれも，任期は2026年の会員総会開催日までの約3年間です。

　　代表理事：赤井伸郎（大阪大学）
　　常任理事：総務担当　上村敏之（関西学院大学）
　　　　　　　大会担当　井手英策（慶應義塾大学）
　　　　　　　渉外担当　寺井公子（慶應義塾大学）
　　　　　　　会計担当　佐藤　滋（東北学院大学）
　　　　　　　会計担当　菅原宏太（京都産業大学）

（文責：編集委員長　池上岳彦）

『財政研究』の投稿・掲載状況（第1〜20巻）

　日本財政学会編『財政研究』は，2005年10月の第1巻刊行以来，2024年度で第20巻と歴史は浅いものの，編集委員会の責任の下で厳正にかつ公正に審査および編集された財政に関する研究叢書である。本書に掲載されている研究論文は，すべて査読付き論文である。

　以下に，本研究叢書の「研究論文」の投稿本数，掲載本数，および掲載率を掲げる。

研究論文の投稿状況および掲載率

年　度	①投稿本数	②掲載本数	掲載率（②／①）
2005（第1巻）	32	10	31%
2006（第2巻）	18	7	39
2007（第3巻）	18	8	44
2008（第4巻）	26	12	46
2009（第5巻）	29	14	48
2010（第6巻）	19	7	37
2011（第7巻）	22	9	41
2012（第8巻）	19	7	37
2013（第9巻）	19	7	37
2014（第10巻）	25	9	36
2015（第11巻）	14	4	29
2016（第12巻）	11	4	36
2017（第13巻）	11	5	45
2018（第14巻）	10	5	50
2019（第15巻）	10	5	50
2020（第16巻）	19	6	32
2021（第17巻）	13	4	31
2022（第18巻）	8	6	75
2023（第19巻）	9	5	56
2024（第20巻）	9	4	44

（注）　1）　掲載率は，小数第1位を四捨五入している。
　　　　2）　ここでの数値は，2024年5月末日のものである。

日本財政学会編『財政研究』原稿募集のお知らせ

『財政研究』編集委員会は，下記要項により，『財政研究』の「研究論文」として掲載する原稿を募集しています。『財政研究』の投稿はオンライン化されています。また，「投稿論文募集要項」および「投稿論文執筆要項」の記述は適宜変更が加えられています。両要項の変更点等に十分注意を払ってください。

『財政研究』編集委員会

投 稿 論 文 募 集 要 項

本叢書への投稿希望者は，下記の要項をご参照のうえ，学会ホームページ上もしくは下記 URL からリンクされているオンライン投稿システムに，ご自身の会員 ID・パスワードでログインして必要項目を入力のうえ，原稿および図・表ファイルを投稿してください。

(投稿資格)
1) 本学会の正会員および学生会員は，執筆した論文を本誌に投稿することができる。なお，共著論文については，責任著者 (corresponding author) を指定しなければならない。共著論文の著者には非会員を含めることができるが，責任著者は正会員もしくは学生会員でなければならない。
2) 正会員もしくは学生会員が本学会の大会において報告した論文をその年の 11 月末までに投稿した場合，採択に至らなかったとしても，修正して翌年の 11 月末までに再投稿することができる。

(投稿論文)
1) 投稿論文は，著者の独創性のある研究成果の報告であり，他の研究誌・学術書に投稿中ないし掲載されていないものとする。
2) 投稿論文の対象分野は，日本内外を問わず「財政学」に関連するすべてについてとする。

(投稿論文の採否)
1) 投稿論文の採否は，編集委員会が委嘱する審査委員の査読と審査に基づき，編集委員会が決定する。
2) 投稿論文募集要項・執筆要項等を逸脱する原稿は，審査の対象外とする場合もある。
3) 投稿された原稿は，著者の最終稿と見なして審査する。

(投稿論文の著作権等)
『財政研究』第Ⅱ部「研究論文」への掲載が決定された投稿論文の著作権は，日本財政学会に帰属する。

また「研究論文」の著作者による著作権利用に関して，本学会は以下の行為を認める。
　1）　本学会へ届け出る必要がない行為
　（a）　著作者あるいは所属する組織等が管理するWebサイト，ページ*へ掲載すること。ただし，『財政研究』掲載論文を組版のまま複写したものをPDF等でWebサイトへ掲載することは，刊行後1年間は認めない。
　　　　＊ 個人Webサイト，大学のリポジトリ・研究者情報，researchmap等を含む。
　（b）　所属組織，研究資金提供者等への義務としての報告書等において利用すること。
　（c）　元の論文を変更して利用すること。
　（d）　元の論文を他言語に翻訳して利用すること。
　2）　本学会へ届け出る必要がある行為
　（a）　著作者が自分の業績をまとめて書籍等として出版する際にその一部分として使用すること。
　（b）　著作者もしくは第三者が編集する出版物（論文集としての書籍・雑誌等）に収録すること。
　3）　上記1），2）のいずれの場合も，論文の出典が『財政研究』であることを明記しなければならない。

（投稿の受付）
　投稿は随時受け付ける。採択については決定され次第通知する（採択された場合，掲載決定済証明書の発行を受けることができる）。なお，本誌の発行は年1回（秋季）である。

（投稿先）
　オンライン投稿システム：
　　https://service.gakkai.ne.jp/society/-member/auth/submit/JIPF

　　　〒170-0013　東京都豊島区東池袋2-39-2-401
　　　　　　（株）ガリレオ学会業務情報化センター
　　　　　　日本財政学会叢書『財政研究』編集委員会　宛
　　　E-mail：g016jipf-proof@ml.gakkai.ne.jp
　　　※　共著論文については，責任著者がオンライン投稿の手続きを行ってください。
　　　※※オンライン投稿システムに関するお問い合わせは，下記アドレスにお願いします。
　　　E-mail：g016jipf-mng@ml.gakkai.ne.jp

（2022年3月31日改訂）

投稿論文執筆要項

【一般的事項】
1) 原稿は，①横書き A4 サイズの用紙に 40 字 × 30 行（MS 明朝 10.5 ポイント）のページ設定した「ワープロ原稿」とする。原稿字数は，原則として本文のほかに日本語要旨（400 字以内）・図・表・脚注・文献リスト等をすべて含め「2 万字以内」とする（目次は，必要ありません）。ワープロ原稿の作成には，Windows のワープロ・ソフト（Word）を使用する（原稿の余白は，上下 30 mm，左右 30 mm とする）。また，図・表も Excel で作成した場合は原稿とは別途提出する。その際，ソフト名，ファイル名などを付しておく。
2) 原稿および図・表はオンライン投稿システムから投稿する。
3) 叙述は特別な場合を除き，常用漢字，現代仮名遣いを使用し，平明な表現を用いる。
4) 数字は，特別な場合を除き，算用数字を使用する。たとえば，1234 に統一する。ただし，「万」以上は，漢字を併用した表記とする。たとえば，1 万 1234 円に統一する。
5) 文章の区切りには，「カンマ（，）と句点（。）」を使用する。ただし，原稿執筆時は「読点（、），句点（。）」でも可とする。
6) 年次は，「西暦」に統一する。
7) 文章中での「引用文献」は，「著者名（出版年）」で表記し，執筆論文末に参考文献（引用文献を含む）で一括記載すること。後述の文献表記の説明を参照。
8) 本文中の「注」は，脚注とする。
9) 外国語については，以下の点に注意する。
   ① 外国語は，半角で入力する（e.g. public finance）。
   ② イタリック体にする箇所は，イタリック体（*public finance*），もしくは「アンダーライン」で表す。
   ③ ボールド体にする箇所は，ボールド体（**public finance**），もしくは「破線」で表す。
10) 論文名，執筆者名，所属を表記したうえ，節等の見出しに関しては以下の表記とする。

    論文名
    節：1 〇〇〇…　　項：1.1 〇〇〇…
    以下は，(1), (2)…, (ア), (イ)…の順で使用する。できる限り(1), (2)…で止めること。
11) 本文中の列挙に関しては，できる限り①，②，③…を使用する。
12) 校閲は執筆者の責任とする。

【図と表（見本参照）の書き方】
1) 図・表には，それぞれ「通し番号と表題」をつけること（e.g.「図 1　〇〇〇…」,

「表2　〇〇〇…」)。図と表は必ず分離して表記すること。図と表を一括して「図表1」のように表記することは認められない。また，図と表が1つしかない場合でも，単に「図」や「表」としないで，「図1」や「表1」とすること。
2)　図・表には，必ず「単位」を明記すること。
3)　図・表には，依拠した資料を（出所）として明記すること。論文などからそのまま引用した場合は，引用論文の頁数を付すること。執筆者が，統計データなどから作成したものは，「〇〇〇より筆者作成。」と表記する。
4)　備考類は，（注）1)，2)で示す。
5)　図の座標軸の原点が0（ゼロ）を示す場合は，明示すること。
6)　図・表は本文中に挿入し，別途元ファイルを提出すること。
7)　表は，原則として1頁当たり44字×43行（縦向き），65字×28行（横向き）（罫線，注，出所等を含む）以内で作成すること（罫線，半角数字は0.5字）。
8)　図は，原則として1枚当たり「400字」として計算する。
9)　図と表の数は合わせて，1論文5点までとする。
10)　表（見本）：ただし，スタイルなどは出版社に一任する。

表1　〇〇〇…

(単位：千円，％)

区　分	芸術文化経費	文化施設経費	文化施設建設費	合　計
1994	98,944,006（69.61）	196,796,436（15.08）	448,592,324（-23.69）	744,332,766（-8.92）
1995	57,936,983（-41.44）	215,976,509（9.75）	393,126,951（-12.36）	667,040,443（10.38）
1996	72,800,079（25.65）	282,497,555（30.80）	353,657,810（-10.04）	708,955,444（6.28）

（注）　1)
　　　　2)
（出所）　〇〇〇より筆者作成。

【注の書き方】

1)　注の番号は，本文中に1)，2)の通し番号で示し，原則として句点（。），カンマ（，）のある箇所の直前の文字の右上につけたうえ，脚注として掲載する。
　　e.g. …といわれている[1]。先行研究によれば[2]，…
2)　注における引用文献ないし参考文献も本文中の引用文献ないし参考文献と同様の表記とし，執筆論文末に参考文献（引用文献）として一括して記載すること。

【参考文献（引用文献を含む）の書き方】

1)　参考文献（引用文献を含む）は，執筆論文末に一括して記載すること。
2)　参考文献（引用文献を含む）およびその翻訳書の書き方は以下のとおりである。
　　① 邦語文献
　　　単行本　　　　：著者名（出版年）『書名』出版社。
　　　雑誌論文　　　：執筆者名（出版年）「論文名」『雑誌・紀要名』巻号，頁。
　　　単行本所収論文：執筆者名（出版年）「論文名」著者名『書名』出版社，頁。

　　　　新聞　　　　　：執筆者名「記事名」『新聞名』年月日付，朝刊または夕刊の
　　　　　　　　　　　　記載．
　②　欧文文献
　　　　単行本　　　　：著者名（出版年）書名（イタリック体またはアンダーライン
　　　　　　　　　　　　を付す），出版社．
　　　　雑誌論文　　　：執筆者名（年）"論文名," 雑誌名（イタリック体またはアン
　　　　　　　　　　　　ダーラインを付す），巻号，頁（p. ○または pp. ○-○）．
　　　　単行本所収論文：執筆者名（出版年）"論文名," in 編者名（ed.）または
　　　　　　　　　　　　（eds.），書名（イタリック体またはアンダーラインを付す），
　　　　　　　　　　　　出版社，頁（p. ○または pp. ○-○）．
　　　　翻訳文献　　　：原著者名（出版年）書名（イタリック体またはアンダーラ
　　　　　　　　　　　　インを付す），出版社．（翻訳者名〔出版年〕『翻訳書名』出版
　　　　　　　　　　　　社．）
　③　インターネット上の資料など
　　　著者名（最終更新年または出版年）「資料表題」〈URL〉参照年月日．
　　　　e.g.　　総理府統計局（2001）「人口推計 2001.5.26 更新」〈https://www.
　　　　stat.go.jp/〉2003.7.1 参照．

（2024 年 8 月 1 日改訂）

Summaries of Refereed Articles

Notes on the History of Local Public Finance: Economic Shocks and Policy Responses

Mochida, Nobuki
Professor Emeritus, University of Tokyo

This paper leverages the post-war period discontinuity to apply the Vector Error Correction Model (VECM), as used by Buettner and Wildasin (2006) and Bessho and Ogawa (2015), to examine how pre-war local finances responded to economic shocks and aimed to meet intertemporal budget constraints. This analysis seeks to reinterpret longstanding debates in Japanese fiscal studies. The findings reveal that in pre-war local finances, increases in expenditures, regardless of the cause, were not met with corresponding increases in local own revenues or subsidies; instead, expenditure adjustments were made within the limits of local own revenues. Pre-war local finances operated under a strict fiscal regime, where local autonomy in regulating expenditures was largely dictated by local own revenues.

International Comparison of Tax and Revenue Structures: Clustering by Principal Component Analysis Using OECD Data

Hatano, Toshiya
Professor, School of Commerce, Meiji University

Kawai, Yoshiki
Visiting Scholar, Center for Economic Education and Research, Meiji University

This study applies principal component analysis to government data for OECD member countries to characterize their tax and revenue structures, and clusters these countries into several groups through international comparisons. The new contributions can be summarized as follows. First, we added data for the period after 2000, and included countries that became new OECD members after the mid-1990s. Second, we examine not only individual income tax, corporate income tax, social security contributions, property tax, and indirect taxes, as in previous studies, but also total tax revenues and payroll taxes. Third, from the perspective of the potential national burden, we added the budget deficit as a revenue item to the analysis. From the analysis including the budget deficit, we found that Japan, the USA, Spain, and Costa Rica are falling into "the budget deficit trap." It is necessary to analyze the revenue structure, including the budget deficit, rather than limiting the analysis to taxes alone.

An Empirical Analysis of the Hometown Tax Donation System and the Efficiency of Local Governments

Ogawa, Akinobu

Associate Professor, Niigata University, Faculty of Economic Sciences

Kondoh, Haruo

Professor, Seinan Gakuin Univesity, Faculty of Economics

This paper presents a quantitative analysis of the impact of the hometown tax donation system on local public finances, focusing on the cost efficiency of the provision of public services by local governments. Residents may underestimate the cost of providing public services because the hometown tax donation is a source of revenue to be borne by other regions. If residents become less cost conscious, inefficient provision of public services may be tolerated. In this paper, a stochastic frontier analysis using panel data shows that cost efficiency is undermined in municipalities that rely more heavily on the hometown tax donation, even after controlling for size of inhabitant tax deductions and the cost of return gifts. While there are many previous studies measuring the cost efficiency of local governments, there are few studies focusing on the impact of the hometown tax donation, and this paper contributes to a multidimensional evaluation of this tax donation system.

Is a Political Budget Cycle Occurring in the Financial Management of National Health Insurance?

Hoshiai, Yusuke
Researcher, Mitsubishi Research Institute

National Health Insurance is an important public insurance program that supports Japanese universal health insurance system. In 2018, the fiscal management entity was transferred from municipalities to prefectures, and how the premium is set was changed. In this paper, I examine the impact of the timing of elections on premium setting based on the "Political Budget Cycle (PBC)." The results suggest that the per capita premium is reduced by about 1,000 yen to 1,200 yen by a mayor who is about to hold an election, and then raised by about 400 yen after the election. The results are consistent with the hypothesis based on PBC in this paper. In addition, I found that in areas where the percentage of the number of people insured by the national health insurance system to the population is high, premiums are reduced more significantly before the election (about 1,800 yen) and raised more significantly after the election (about 710 yen).

Public Finance Studies, Vol.20, Contents

Preface .... Ikegami, Takehiko   i

Part I   Problems of Modern Public Finance

[1] Symposium ——————————————————— 3
   80th Annual Conference
   Well-being and Public Finance
   Panelists: Managi, Shunsuke   6
              Tsutsui, Yoshiro   13
              Komamura, Kohei   18
              Fujita, Nanako   25
   Coordinator: Morotomi, Toru

[2] Commentary on the Symposium ————————— 57
   Well-being and Public Finance
   Expositors: Morotomi, Toru
               Seki, Kohei
               Miyazaki, Takeshi
               Yoshihiro, Kensuke
               Sato, Kazuaki

Part II   Refereed Articles

1. Notes on the History of Local Public Finance: Economic Shocks and Policy Responses .... Mochida, Nobuki   85
2. International Comparison of Tax and Revenue Structures: Clustering by Principal Component Analysis Using OECD Data .... Hatano, Toshiya/Kawai, Yoshiki   113

3. An Empirical Analysis of the Hometown Tax Donation System and the Efficiency of Local Governments
.... Ogawa, Akinobu/Kondoh, Haruo   131
4. Is a Political Budget Cycle Occurring in the Financial Management of National Health Insurance?
.... Hoshiai, Yusuke   151

★ Summaries of Refereed Articles 195

『財政研究』第 20 巻　編集委員会
　編集委員長　　　　　　　　池 上 岳 彦（立教大学経済学部教授）
〈第Ⅰ部　現代財政の課題〉
　副編集委員長（企画担当）　諸 富　　 徹（京都大学大学院経済学研究科教授）
〈第Ⅱ部　研究論文〉
　副編集委員長（査読担当）　関 口　　 智（立教大学経済学部教授）
　副編集委員長（査読担当）　別 所 俊一郎（早稲田大学政治経済学術院教授）
　編集委員　　　　　　　　　永 廣　　 顕（甲南大学経済学部教授）
　編集委員　　　　　　　　　岡 田 徹太郎（香川大学経済学部教授）
　編集委員　　　　　　　　　近 藤 広 紀（上智大学経済学部教授）
　編集委員　　　　　　　　　佐々木 伯 朗（東北大学大学院経済学研究科教授）
　編集委員　　　　　　　　　田 中 宏 樹（同志社大学政策学部教授）
　編集委員　　　　　　　　　中 東 雅 樹（新潟大学経済科学部准教授）
　編集委員　　　　　　　　　宮 崎　　 毅（九州大学大学院経済学研究院教授）
　編集委員　　　　　　　　　八 木 信 一（九州大学大学院経済学研究院教授）

ウェルビーイングと財政
── 財政研究 第 20 巻
Well-being and Public Finance

2024 年 10 月 5 日　初版第 1 刷発行

編　集
発　行　　日 本 財 政 学 会

日本財政学会事務局

郵便番号 170-0013
東京都豊島区東池袋 2-39-2-401
学会業務情報化センター内
電話　(03)5981-9824
https://www.gakkai.ne.jp/jipf/

制　作　株式
発　売　会社　有 斐 閣

郵便番号 101-0051
東京都千代田区神田神保町 2-17
https://www.yuhikaku.co.jp/

印刷・大日本法令印刷株式会社／製本・牧製本印刷株式会社
Ⓒ 2024, 日本財政学会．Printed in Japan
落丁・乱丁本はお取替えいたします．
★定価はカバーに表示してあります．
ISBN 978-4-641-49011-6

本書の全部または一部を無断で複写複製（コピー）することは，著作権法上の例外を除き，禁じられています．また，磁気・光記録媒体への入力等も同様に禁じられています．これらの許諾については，日本財政学会事務局まで文書にてお問合せ下さい．